JN311389

対人援助者の条件

クライアントを支えていくということ

MURASE Kayoko
村瀬嘉代子
DENDA Kenzo
傳田健三
──編

金剛出版

まえがき

本書は、北翔大学心理臨床セミナーにおいて、七人の対人援助を専門とする臨床家が自らの取り組みについて講演し、その後、村瀬嘉代子先生と対談した内容が収録されている。出版に至る経緯を簡単に説明したい。

村瀬嘉代子先生は、平成二〇年から北翔大学大学院人間福祉学研究科の教授として北海道へいらっしゃった。毎月一週間だけ北海道に滞在され、教育や研究活動を精力的になさっておられる。そんな多忙な中で、臨床に携わっている人たちを集めて夜間事例研究会も開催している。筆者も参加させていただき、昨年は皆の前で久しぶりに自分の事例の精神療法過程を詳細に報告した。

筆者も含めて北海道の臨床家は、この夜間事例研究会における村瀬先生のコメントを聞いて、まさに目から鱗が落ちる体験をしたと思う。発表者へのさりげないようでいて鋭く深く、かつ気配りが行き届いた温かいコメントに対し、それを聞く発表者も他の参加者も同時に多くのことに気づかされ、自らを反省し、こういう考え方もあるのだと驚き、でも可能性と希望を抱き、明日への活力が湧いてくるという貴重な体験であった。

本書に収録されている七人の講演と村瀬先生との対談は、夜間事例検討会と並行する形で、平成二一年の五月から毎月一回、毎回約一〇〇名の参加者の前で行われたものである。北海道のさまざまな領域で活動している七人の臨床家が、「これまでどういうことを大切にしながら取り組んできたのか」「対人援助という営みについて何を考えてきたのか」について講演を行い、その後、村瀬先生と対人援助の本質について対談しながら、参加者ともディスカッションしていくという趣向である。

読者にとっては、七人の講演者の話はそれぞれの職種や立場の違いが浮き彫りになって、とてもユニークで読み応えがあることは言うまでもないが、その後の村瀬先生のコメントを読むことによってさらに思索が深まり、さまざまなことに気づくという体験をするのではないだろうか。あたかも、事例検討会の場に自ら参加しているような錯覚を覚えるかもしれない。また、講演者が村瀬先生の質問によって、次第に自らを包み隠さず表現するようになり、それぞれの気づきに到達する様子も見て取れるだろう。それは、まさに心理療法過程と同じ経過をたどるのである。

掲載された順番に七人の演者、題名および内容を簡単に紹介する。

（一）子どもの心に出会うこと、それを支えていくこと（傳田健三）——児童精神科医として相互に絵を描くというスクィグル法を介して子どもとかかわった経過を報告した。

（二）言語障害をもつ人との豊かなコミュニケーションをめざして（風間雅江）——言語聴覚士として、技術的な言語療法だけでなく、人間としてのコミュニケーションの問題を述べた。

（三）生活を営むことに苦労している子どもと親と関係者との支え合いの経験から（田中康雄）――いくつかの事例を呈示しながら、相互性という視点から対人援助の本質に言及した。

（四）ローカルであり続けること（平野直己）――フリースペースや地域の活動などの実践を通して独自の対人援助のあり方を述べた。

（五）思春期の子どもたちのかかわりから学んだこと（村田昌俊）――不登校の子どもたちに対する院内学級の教師としての体験と発達障害児の親の会の活動を詳しく述べた。

（六）人格の尊重とケアの力について（三瓶　徹）――特別養護老人ホームの認知症の方々とのかかわりを通して、相互の関係性を育んでいくという実践を語った。

（七）臨床心理士の道を歩むということ（佐藤由香利）――自身の臨床心理士としての歩みを通して、対人援助の本質を考察した。

読者は、七人の臨床家の話を読みながら、まず、それぞれの立場できわめて基本に忠実であることを認識すると思う。しかし、優れた対人援助の本質として、理論や技法だけでなく、援助職者側の要因、たとえば援助職者のもつ資質や人間性も大切であることにも気づくだろう。そして最後に、対人援助職者には職種や領域が異なるけれども、共通する本質があるということに思い至るのではないだろうか。

村瀬先生は、七人の臨床家の個性の違いと内部に通底する共通する本質を、料理の鉄人のように、ときに繊細なタッチで、ときにバッサリとあぶり出していく。読者の皆さんも、それぞれの話を読みながら、自分の臨床との違いと共通点に気づき、思索を刺激され、自らの現実を省みる機会としていただけたら幸甚である。

二〇一一年七月

傳田　健三

対人援助者の条件

クライアントを支えていくということ

目　次

まえがき　3

子どもの心に出会うこと、それを支えていくこと　北海道大学　傳田　健三　13

言語障害をもつ人との豊かなコミュニケーションをめざして　北翔大学　風間　雅江　50

生活を営むことに苦労している子どもと親と関係者との支え合いの経験から　北海道大学　田中　康雄　88

ローカルであり続けること　北海道教育大学　平野　直己　127

思春期の子どもたちとのかかわりから学んだこと
日本発達障害ネットワーク北海道副代表・旭川市立桜岡中学校教頭　村田 昌俊　163
人格の尊重と「ケアの力」について
北広島リハビリセンター特養部四恩園　三瓶 徹　202
臨床心理士の道を歩むということ
北海道教育大学　佐藤 由佳利　233
あとがき　271

対人援助者の条件

クライアントを
支えていくということ

子どもの心に出会うこと、それを支えていくこと

北海道大学
傳田　健三

「対人援助の本質を考える」という、非常に難しいお題をいただいたわけですが、スクィグル法といって、実際に私が不登校のお子さんと一緒に絵を描くことで、その子がだんだん変わっていったという、その症例を見ていただいて、何か感じることがあれば幸せです。

私は現在、北大病院で週一回外来を診ていますが、そこでは再来の患者さんだけで、大人も子どもも診ています。ほかに週一回木曜日に、新札幌にあります「楡の会こどもクリニック」で、子どもだけ新患も再来も診察しています。いまだに初めてお会いする新患の方を診察するときには緊張して、この子は、なぜ今日ここに来たのだろうか、自分の意思で来たのだろうか、何が問題でそれは誰にとっての問題なのか、なぜそういう行動をとってしまうのだろうか、ということを考えます。目の前に現れたお子

さんが本当に必要としていることは何かということ、これは昔からずっと疑問だったのです。

私は一九八一年に医者になりました。当時はまだ研修医で全くわからなかったのですが、村瀬先生が一九八一年に書かれた『子どもの精神療法における治療的な展開』という論文を読ませていただいて、本当に目からウロコが落ちるというのは、こういうことなのだという体験をしました。今日はまずその村瀬先生の本に書いてあることを皆さんにご紹介します。

子どもの心理面接の構造

子どもの面接では、まず初回の面接が非常に重要です。ほとんどの子どもは、わけもわからぬままお母さんに連れてこられる場合が多いので、非常に困惑して不安で、懐疑心に満ち満ちていて、恥ずかしいと感じているものです。

楡の会こどもクリニックは発達障害の子どもが多いので、外来は非常に混雑して、ギャーギャー、キーキー言っている子がたくさんいます。そこに連れてこられて、面食らったり恐れをなしたりしている子どもの心情をくみながら、なんとか治療に対するモチベーションを持ってもらいたいと思うのです。相手は子どもであっても、一人の人格として尊重し謙虚で真摯な態度で接します。小さなお子さんであったとしても、その子と同じ視点に立って、「傳田と言います」と言ってきちんと挨拶します。

はじめに自分の意思で来たのか、それともお母さんに言われて来たのか、何と言って連れてこられたのか。今、本当にしたいと思っていること、あるいは本当に望んでいることは何か。好きなことは何か。最後に、いちばん困っていることは何かというようなことを聞いていくわけです。それに対してこの子がどう答えるかというところで、この子にどれぐらい表現力があるか、自分のことをどれぐらい客観的に見られているか、あるいは好きなこととか自由という問題をどう捉えているか、生きるということをどれぐらい楽しめているか、家族の関係はどうなのかとか、聞いていくうちに、その子の心理的な発達や体の発達状況などが、だんだん輪郭が鮮明になって見えてくるわけです。

最初に目の前の子どもに話を聞いて、その後お母さんの意見を聞きます。あるいは学校からの手紙を持ってきたりすれば、学校の指摘も考慮に入れます。でもまずは目の前にいる子どもがどう言うかというのを大事にして、虚心に子どもに向き合い、その潜在可能性を見出して、方向性を探っていこうと考えます。会っている姿を子どもが見て、「この人だったら話してもいいかな」と思ってもらえるようにと考えています。

初診、見立て

初診の子どもは不安で神経質になっており、同時に非常に深い無力感と希望のなさを感じていると思います。その結果、面接では表面を装う傾向があって、全くしゃべってくれなかったり、ひねくれたり、「もう私なんかいいや」などと自暴自棄になったり、そっぽを向いたりすることもあります。でもそれは、無力で弱い自分を守ろうとする子どもたちの精一杯のポーズであって、その表現の背後には逆のものがいつも働いているというふうに考えます。反抗の底には極端な従順が、ひねくれの深部には大きな依存欲求が、自暴自棄の裏には救いを求めるあがきがあって、無力でもろくて、そういう態度しかとれないお子さんであるということを理解していきます。これは村瀬先生が書かれていますけれども、子どもの精神療法過程とは、できる限り心理的に保護された時間と空間を用意して、子どもが表現するさまざまな言語的・非言語的メッセージを受け取って、子どもについての理解を深めようとする過程、布置状況（constellation）、星座の配置みたいな状況を把握していく過程です。

治療者は、子どもがそれまで見知ってきた大人とは少し違う「新鮮な存在」、つまり親でも教師でもなく、子どもが信頼を寄せることができて、よき同一視の対象としうるような統合のとれた人物でありながら、他方で柔軟でとらわれない姿勢の持ち主でありたい。子どもが「このおやじ、今まで出会ったやつとはちょっと違うぞ」と思ってくれるか、「この人と何が始まるのだろう」とか「何を始めようか」という期待を抱かれるような存在になれたらと、いつも思っています。

それから二律背反状況を生きるということがあります。子どもというのは、いつも二律背反で、たとえば自由に遊んでいいよと言われても、その辺のものを壊し出すと「何やっているの！」と叱られるわけです。でも子どもにとっては「今、何をやってもいいと言ったでしょう」なのです。あるいはクリスマスのときに「今日は何を買ってもいいぞ」と言われると、「一〇万円のぬいぐるみ」と言い、それは無理だと言われるとワーッと泣いたりするのも、子どもは絶えず二律背反状況にいるわけで、そういう意味では治療者も、子どもにいつも二律背反を迫られるわけです。

二律背反を生きる

治療者は、大人との面接では、なるべくこちらはしゃべらずにクライアントに多くを語らせるのが基本だと思うのですが、子どもの場合は、より能動的に、こちらからも積極的にアプローチしなければならないときもあるし、臨機応変に柔軟性が求められるのです。治療者は子どもの人格と自主性を尊重しながらも、本当に自由な自己表現には、治療構造と一定の制限が必要です。たとえば、画家は一枚の画用紙だからこそ自由な表現ができるのであって、画用紙がないと自然がいちばんきれいなわけですから、その制限があるから自由な表現ができるという、これも二律背反の中で生きているのです。

一方では子どもの医学的な発達のレベルを知って、症状を精神医学的に理解しながらも、この子はこの症状を出すことによって、いったい何を伝えようとしているのかという心理的な理解も必要です。受容・共感とどの本にも書いてあり、それも必要だけれども、教育的なレベルの側面も必要になってくるのが子どもです。子どもも二律背反を生きているのですけれども、子どもに対する治療者も、いつも二律背反を突きつけられているという矛盾した状況だと思うのです。

治療者は、子どもと同じ視線で同じレベルでものを見て感じる努力をする一方で、さめた状況で客観的に子どもを観察することが要求されるという、先ほどの村瀬先生の論文にこの図が書いてあります。つまり援助者は、子どもと共感して一緒に遊んだりしながらも、もう一人の目で、この子どもと自分との距離感はこれでいいか、あるいは環境、素養や、親と自分との距離感はこれでいいだろうかというの

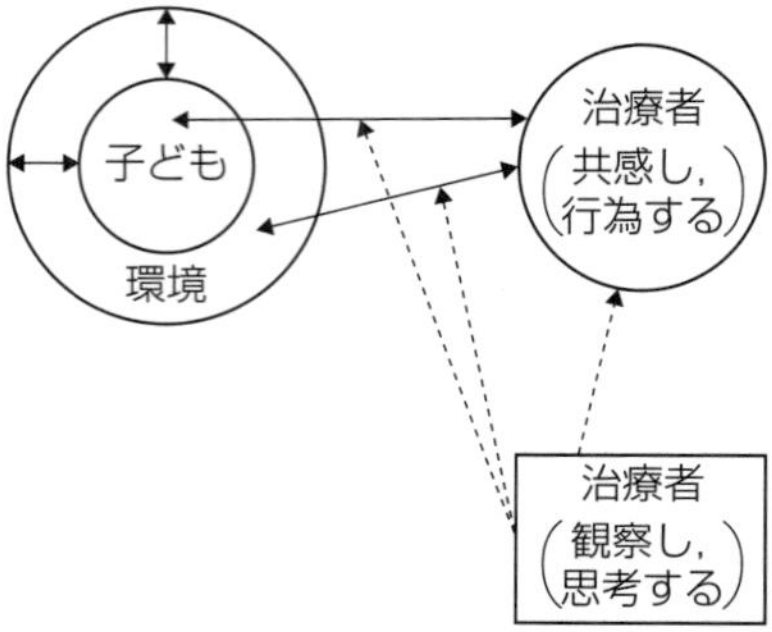

図

を、常にモニターしていないといけない。これはまさに二律背反を生きる答えなのだろうと思います。

心理面接の効果と危険性

それから、心理面接の効果と危険性。心理面接の大きな特徴は、面接自体がすべて治療的意味を持つところで、自分が何をして、それが子どもにどういう影響を与えるかを考えずに、ただやみくもに面接するのは害悪ともなるし、心理的ケアの名の下に行われる独善的かつ傲慢な操作が、子どもに致命的な影響を与えてしまう可能性も十分に理解しておく必要があります。面接の態度、雰囲気など言語化できない部分を含めて、同じことばでも伝わるものが異なって、その意味では心理面接というのは、外科医のメスと同様に「切れば血の出る」恐ろしさを持っているということを常に自覚する必要があります。

一〇年、二〇年の積もり積もったマイナスが、わずか数カ月から数年の週一回ぐらいの面接で大幅に改善するなど、考えてみれば途方もない誤解で、心理面接が持つように見える力は、実は「患者さん自身が持つ自然治癒力」に負うところが大きく、面接者は「触媒」のごときものです。自分の身の丈を知り、自分のできることを淡々と行っていく。とくに子どもの場合は成長しますから、実は何もしなくてもよくなっていくのです。まるで自分が治したように思うことがありますが，ほとんどの場合は自然治癒力によって，自己成長力によって変わっていく場合が少なくありません。

実際の面接でも，たとえばことばで少しは自分のことを表現できる子どもの場合には，お母さんも一緒にいる場合がありますが，この子と話しながら，私と子どもとお母さんとの中間に，だんだんイメージが作られていくわけです。子どもに話を聞いて，「この子はこういう状況で，こういうことだったのだ」というのが次第に見えてきて，それにお母さんの話を聞くと，さらにそれが多面的にこういう状況だったのかとなってふくらんでいくわけです。

治療者は，まず初めに子どもに「今日はあなた自身の意思でいらしたのですか，それともお母さんに言われていらしたのですか」と聞いて，もしお母さんに病院に行こうと言われたときには，「どんな気持ちがしましたか」と聞きます。次に「今いちばん辛いことや，困っていることは何ですか」と聞いてみますが，うまく言えないときには，相槌を打ったり，頷いたり，励ましたりしながら，なんとか本人が少しずつ言えるようにきっかけを与えていきます。

ある程度話したところで，この目の前の子どもが伝えようとしていることを，「つまりこういうことなのだね？」というふうに確認していきます。曖昧なところは「もし間違っていたら悪いのだけれども，こういうことなのだろうか」と確認していきます。話の中に励ましやいたわりをさりげなく挟みながら「そうか，大変だったんだね」と心からねぎらいと称賛を送っていきます。診察場面では子ども自身が主役で，面接者は話の糸口をつけるだけで，話されることを熱心に受け止め，本人がためらうときには自然に元気づけて，うまく表現できないときにはことばを補う。うまく言えたら「よく言えたね」

と心から褒めてあげて、子どもが感じている苦しみや辛さとその背景をだんだん描き出していくと、この子は、こういう状況でこういう事態になって病院にやってきたのだというイメージがだんだん見えてきます。

お母さんにも話をきくと、それがまた非常に深みが出てきます。そのようにして明らかになる状況というのは、面接者が初めて知ることだけではなくて、話している子ども自身やお母さんにも、それまで不明瞭であったことが、はっきり見えてくる体験になります。また、なかなかうまくことばで表現できない子どもの場合には、絵を描いてもらったり、箱庭を作ってもらったりするわけです。

【事例　A君】

この事例は二十数年前にお会いした方です。今は三十何歳かになっていて、結婚して子どももいらっしゃいます。

初診のときに十一歳で小学校五年生の男の子でした。主症状は不登校と、母親に暴力を振るってしまうということです。父親と父方の祖父との四人暮らし、ひとりっ子です。父親は五十二歳で大手銀行に勤務しており、性格は温和で非常に配慮の行き届いた人です。母親は四十八歳、知的で感情表現も非常に豊富な方で、同じ銀行に勤務していたけれども、結婚のために退職し、現在専業主婦をしておられます。祖父は七十五歳で、性格は温和で同調的、同じく銀行員として役職を務めましたが、現在は引退しています。

A君の性格は非常に内向的で几帳面で、小さい頃からおとなしく手がかからなかった。反抗期はなかったし、友だちも多く、親としてとくに問題を感じたことはなかったと言います。しいて気になるところをあげれば人に気を遣いすぎる、周囲の思惑を敏感に察知して、申し分なく行動してしまうことと両親は言っていました。成績は常にトップでスポーツも万能という子だったのです。

ところが小学校五年生のときにクラス替えがあって、A君は学級委員長と児童会の副会長に選ばれました。すると二、三人の級友から「何でもできて妬ましい」という理由から「いじめ」を受けました。たとえば授業中にA君が発言しようとするのを邪魔したり、少年野球チームでもA君はエースで四番なのですが、味方なのに守備やバッティングを妨害したりしたのです。七月の上旬から家で口数が減り、学校へ行き渋るようになったことから、母親が変調に気づきました。そこでA君は初めて、実はいじめられているのだと母親に打ち明けました。母親が担任の先生に相談したのですが、それがうまく行かずに、「いじめ」はエスカレートする一方でした。

二学期からは完全に不登校となってしまいました。学校を休んで家にいても、何もせずにボーッとしていて、好きな漫画やテレビにも興味を示さなくなりました。食欲も低下して、学校のことをくよくよ考えて、夜も眠れなくなってしまいました。また些細な母親のことばに腹を立てて暴言を吐いたり、叩いたり蹴ったりするようになりました。反面、母親にべったりと甘えたり、夜も母親と一緒に寝ることを要求するようになりました。担任教師も何度か家庭訪問をしましたが、A君は友だちに気を遣って、いっさい真実を打ち明けようとしませんでした。九月の中旬、A君自身も「誰かに相談したい」と希望したために、母親に伴われて精神科を受診したというケースです。

写真1

初めは、ことばで表現するのは難しくて、たとえば「どんなお母さんですか」と言うと「普通」と言うのです。「お父さんは?」「普通」という感じで、なかなか会話にならないのです。初めは箱庭療法を行いましたが、一回だけでやめてしまいました。

その頃、スクィグルというのが村瀬先生の論文にあったので、見よう見まねで「こういうのがあるけれどもやってみない?」と言ったら、それに対してはすごく乗り気でした。スクィグルというのは、まず治療者が画用紙にフリーハンドのちょっとしたきっかけの線を描き、この線をもとにして、患者である子どもが絵を仕上げるわけです。次に、子どものほうが「今度は僕の番だ」と言ってきっかけを描いて、これをもとに治療者が絵を描く。つまりお互いにことばを交換する代わりに絵で会話をするという、治療者側にとってはなかなか大変なのですが、そういうのをやってみようかと言うと、急に乗り気になって始めました。

この子はこれが大好きで、もう一回やろうと言って、一回に六、七枚描くのです。子どもはイメージに富んでいるので、いっぱい描くのですけれども、治療者側はイメージがすぐ枯渇してしまって、何も思いつかなくなってしまうのです。（写真1）これは第一回目の七枚目ですけれども、私はこういうきっかけを描いたのです。そしたら平均台に人が乗っていて、一人落ちてけがをしているのです。これはおそらく、ほかの子どもは学校に行ってどんどん進んでいくのに、自分だけその流れから落ちてしまって、深く傷ついているということを表したと思うのです。これを小学校五年生の子がことばで表現しようとすると大変なことなのですが、この一枚でそれが表現されています。

次に、（写真2）これは僕の絵ですが、この子がだんだん調子に乗ってきて、すごく難しいきっかけを描いて「ほら、描いてみろ」という感じでした。こちらが描いた絵で向こうを傷つけてもいけないし、多少はユーモアを持ちながら、刺激しすぎてもいけないしということを考えながら、恐竜が石につまずいて転んだところを描いたのです。正解はないのですから、よかったかどうかわかりませんが、これがすっかり気に入って毎回何度もやりました。

写真 2

（写真3）これは三回目です。この頃はむしろ家庭内暴力が激しくなって、母親はかなりうつ状態になってしまったのですが、A君はこういう絵を描きました。ここに子どもの鳥がいますが、もう一羽は母鳥だろうと思います。「グア！」と鳴きながら涙を流して、足にけがをして傷ついています。それを子どもの鳥が見ている。つまり自分も苦しいし傷ついているけれども、母親もまた傷ついているのだという絵なのだろうと思いました。そしてこの絵を描いた次の日から、暴力がなくなったのです。

写真 3

写真4

写真5

（写真4）これは両方とも五回目のときにA君が描いた絵です。運動会でひとり転んでしまって、けがをして泣いているという、前出の平均台の絵と同じテーマの絵を描きました。（写真5）しかしもう一枚は、世界でいちばん偉い人ランキングです。モーリスやサンドラ、サマンサ、アーサー、セリーナとか、エスメラルダとか書いてあるのですけれども、いちばん上に自分の名前を書くのです。つまり非常に傷ついているという劣等感と強い優越感の両面を兼ね備えていることの現れですね。それに対して私は、これが正解かどうかわからないのですが、鏡に映った自分というような二面性のある絵を描きました。

そうこうするうちに、もちろん無意識のうちにですが、私とA君の絵がだんだんリンクしてくるのです。同じようなテーマを描こうとしているわけではないけれども、後で振り返ってみると、同じようなテーマがだんだん出てきました。

（写真6）これは一〇回目で、宇宙船で地球を飛び出して宇宙にというA君の出立のようなテーマです。四月で六年生の授業が始まってしまったけれども、まだ学校に行けない状況で、心の中ではなんとか出立しなければと思っていたのかもしれません。後で見たら「同じテーマなのだろう」と思えるように、私の絵がだんだんリンクするようになってきました。それまで絵画療法や箱庭療法をやって、それは気に入らなかったようでしたが、このスクィグル法を始めてから、初めは「僕は」と言っていたのが、「Aちゃんはね」と自分のことを「ちゃん」付けで呼ぶようになり、本人との関係がグーッと縮まった感じがやっとしました。

（写真7）これにはいろいろな意味があります。いじめっ子と対決をしなければならないし、自分の弱い面とも対決しなければならないし、いろいろな意味を込めてA君はこういうフェンシングの対決のテーマを描いて、この次の日から登校を開始しました。

写真6

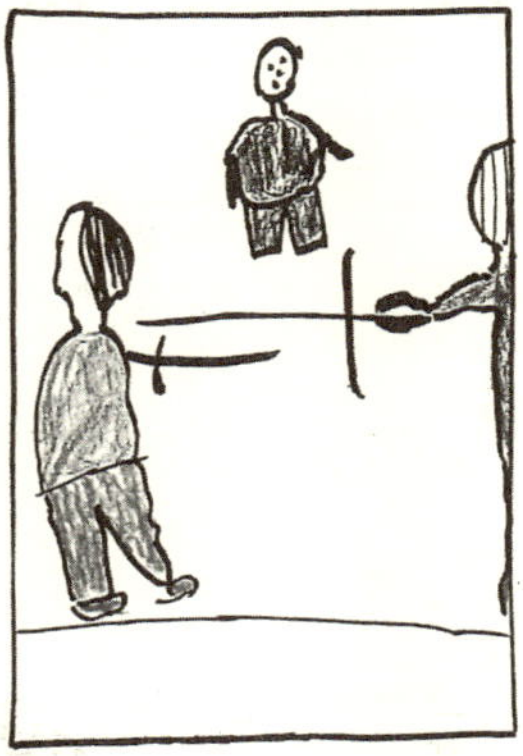

写真7

（写真8）これは一五回目。もう学校に行ってうまく行き出した頃で、両方ともA君の絵ですが、余裕もユーモアもあります。木こりが木を切った後、「あーあ」「ふぅー」とか言っているのですが、モグラが出ようと思ったところに木こりが座ってしまったので、プンプンと怒っているという絵です。

写真８

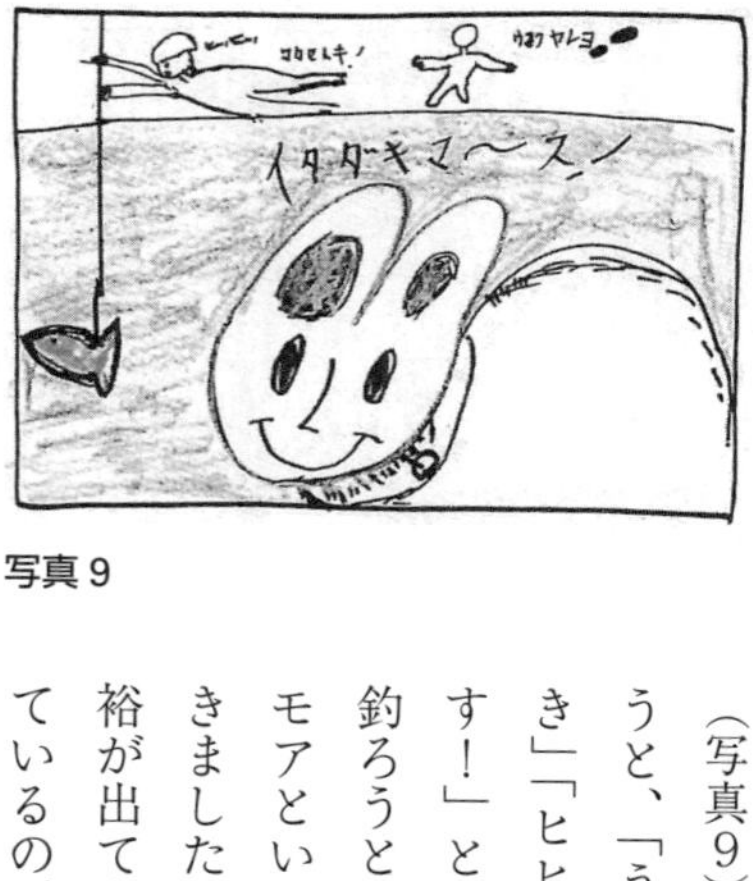

写真９

（写真９）これはネコを魚で釣ろうと、「うまくやれよ」「まかしとき」「ヒヒー」と、「いただきまーす！」とネコが魚に食いつくのを釣ろうというような、とてもユーモアといたずら心がある絵が出てきました。絵からも、けっこう余裕が出てきたんだな、元気でやっているのだろうという感じが見えてきました。

（写真10）これは最終回で、両方ともA君の絵です。私が描いたあの石で転んだ弱々しい恐竜とは違って、自己像とも言える非常に強い恐竜が出てきています。（写真11）これはいちばん最後に描いたもので、要するに紙芝居で「終わりです」と。これにおやじのはげ頭を描いて、ユーモアを出しています。そして右下の子どもをさして、「これが僕だよ」と言うのです。これを見て何かすごい絵だと思ったのですが、つまり、こういう自分のストーリーをもう一人の自分の目で見ているという、客観性のある絵を描きました。

治療は終了し、A君は六年生の時は問題なく登校できて卒業し、中学はそこでもう一回やり直したいと言って、別の校区の中学に行きました。その後はずっと順調で、医学部に入ったと本人とご両親から年賀状をいただきました。でも医学部の六年生のときに、突然A君から「小学校五年生の頃と、同じ状況になってしまいました」と電話がかかってきて、十数年ぶりにお会いしたら、うつ病だったのです。実習が始まり、けっこう厳しくて、うつ病になってしまったのです。今、考えてみると、小学生のときもうつ病だったのではないかと気づかされました。大学六年のときにやってきて、うつ病として薬を出しました。その後はずっと順調で、今では問題なく医者の仕事もしていて、結婚もし子どももできてという状況です。

写真 10

写真 11

子どもへの非言語的アプローチ

非言語的アプローチの意義の第一は、緊張感から解放されることです。たとえば箱庭療法だと、こちらはただ見ているだけなので、本人にとってはやらされているという感じがしたのかもしれないのです。だから、こちらも描かなければならないというのが、すごく楽しかったのではないか。私がいつも困った顔をして描いているのを、いい気味だとかきっと思っていたと思うのですが、そういう主体性を獲得すること、それからことばで表現しなくてもいいので、緊張感から解放されて、むしろだんだんため口をきいたりとか、治療関係が深化するのです。

このスクィグルを始めてから、急に「Aちゃんはね」という感じで、自分のことを「ちゃん」付けで言うようになり、距離感が近づいたという感じがしました。たとえばさっきの母鳥も、また傷ついているという絵を描いて、それを自分でも見て、もちろん全部がわかっているわけではないけれども、何かに気づく。そのときに、ことばで「あなたも傷ついたかもしれないけれども、お母さんだって傷ついているのだよ」などと言おうものならもう来てくれないだろうし、ことばで気づかせると非常にきつくなってしまうのです。でも本人は絵を描きながら、何か穏やかな「気づき」があったかもしれない。その絵を描いた次の日から、突然家庭内暴力がピタッと止まるように、症状性をメッセージ性に変えることで、変わっていくことができるということがあると思います。

治療者側からは、自分が今どういう距離感にいるかという治療関係の質を知ることができて、自分も絵を描くことで自分の問題もちょっと出てきたり治療者が自分を知ることもできる。それから関与しながらの観察ということ。まさに絵を描きながら、どんな表情で描いているか、生意気なため口をきいたり、「先生も絵がうまくなったね」と言う、そういうことを観察することができたり、この子の絵を見ながら感動したりびっくりしたり、そういう可能性を絵から教えられました。

治療の山場、治癒起点

母鳥がけがをしている絵や、平均台の絵など、節目節目でとても重要な絵が出てきて、対決の絵や出立の絵など、本人もなんとか行きたいけれどもまだ自信がないというような、そういう治療の山場がどこかで出てきます。今も子どもには絵を描いてもらいますが、そんなに時間がないので、子どもと話をすることが主になっています。基本的にはこういう流れの中で子どもたちは変わっていくのだなということを理解した上で、最近はことばのやりとりを中心にやっています。

こういう自分の距離感や母親との距離感、自分自身の問題など、治療者が自分を見られるようになればなるほど、子どもも同じように自分を客観化したり、あるいは洞察することができるようになっていくのではないか。つまり子どもを知ろうとすることは、治療者が自分を知っていくことで、一生懸命自分の状況を知れば知るほど、子どもも自分のことが見えてくるのではないか。最後の紙芝居の絵はそういうことなのではないかと考えました。

クライアントの現実を知る

私は医者を二八年やっていますが、子どもの心を支えていくということは、なかなかわかりません。今どういうことを家でやっていますか、何時に起きるのですか、ご飯はだいたい何を食べるか、好きなテレビは何ですか、好きなゲームは何かというふうに、実際はむしろクライアントの生活の現実を知りながらのほうが、「そうか、お父さんとお母さんが仕事に行ってしまうのだったら、朝ごはんは、ひとりで食べるんだね」という、その現実を知ることで、すごく寂しいのだろうということが見えてきます。ですから治療者は、そのときに自分はどう感じたか。この親はどうしようもない親だなと思ったか、それはいろいろですけれども、自分自身の感情や考えたことに気づこうとか、そういうことに敏感になるというのは、訓練すれば可能だと思うのです。子どもの考えや気持ちは、いろいろ想像はするけれども、本心はなかなかわからないです。けれども治療者は努力すれば、自分のそのときに感じた気持ちを察知することは、だんだんできるようになってくる。

治療者の自己洞察

これは村瀬先生が書かれた文章ですが、「治療者が自己を洞察している深さにおいてしか相手の問題は理解できない」。すなわち、自分のことを知る、その深さにおいてしか、相手の問題は理解できない、ということだと思います。この一言が、今日私が言いたいことのすべてです。ですから治療者は自分自身のことを知る努力をする必要がある。治療者が自分を理解して、自分を洞察すればするほど、相手のことがだんだん見えてきます。それをして、子どもも自分を洞察していったり、いろいろな自分の問題に気づいていったりするのだろうと思います。ですから無理に変えようとしないほうがよくて、子どもが今できる範囲で、可能なことをどうやって促していくかです。

それから自分もできる範囲でしかできないですから，何でも背負い込んでしまわないで，いろいろな人に相談したり，臨床心理士の人たちにセラピーをやってもらったり，作業療法士の人にはデイケアをやってもらったり，ＳＳＴをやってもらったり，いろいろな人たちと一緒に協働してやっていくことが，子どもを支えていくということなのだろうと最近思っています。

さっきお話ししたように，本人がまず自分だけで話したいというときには最初にその子と話して，その後お母さんに入ってもらいます。多くは同席で，子どもとお母さんと，お父さんにもなるべく来てもらうようにします。

子どもとまず初めに話して「お母さんにも話を聞いていいですか」と言って，お母さんにもお話を聞くと，子どもは「違うだろう，それは」とか文句を言ったりする。お母さんが「家でまた暴力を振るったんです」と言うと「うるせーな」と言ったり。お母さんが言うことで，この子はどういう生活をしているのかとか，だんだん肉付けされて，イメージが膨らんでいきます。子どもが表現した事柄を皆で眺めることは，治療者にとっても，お母さんにとっても，もちろん子ども自身にとっても新鮮な体験となって，新たな気づきにつながっていきます。お母さんの意見を聞くと，別の見方ができたり，奥行きが出てきて，多面的な様相を呈してきます。

「先生はどう思うの？」と言われれば，「こういうのもいいんじゃないの？」などと，いろいろごまかしながら言うのですが，必要であれば私も，治療者として意見を言うこともあるし，「それはお母さんの言うことのほうが正しいかな」と言うと「へっ」とか言われたりすることもありますが，アドバイスをすることもあります。でも現実の目の前の問題を考えていかなければならないので，次第に皆で問題に向かって解決していこうという態勢が整っていき、現実の問題の延長線上に、将来の地平線がちょっと見えてきて、本人も「フリースクールにでも行ってみようかな」と言い出したりするのではないかと思っています。

以上です。ご清聴どうもありがとうございました。

◆**稲田**——傳田先生、どうもありがとうございました。それでは引き続きここからは傳田先生と村瀬先生との対談ということで、ただ今の講演を下敷きにしてディスカッションをしていただきたいと思います。

◆**村瀬**——本当に素晴らしいお話をありがとうございました。

淡々と、深く、しかもバランスのとれた内容をお話しくださったのですけれども、実は今から二三年前ですか、まだ当時は、精神科のお医者様が、非言語的な表現方法を用いて子どもにかかわるというようなことは、ほとんど行われていなかったですよね。当時の「日本児童青年精神医学会」の学会誌は、ほとんどのページが自閉症の鑑別診断をどう行うかに割かれていたような気がします。

先生は北海道大学の精神科主任教授でいらした——バランス感覚に格段に秀れた、私のようなコメディカルの者が読ませていただいても、あるいはコメディカルだからこそ、本当に学ばせていただくことが多い——、山下格先生のもとで勉強なさった方です。お若いときに、当時は周りが生物学主義的なアプローチの中で、こういう非言語的方法を試みて、普通だったらちょっと難しいなと思うような子どもが、とても鮮やかに、どんどん自然に気持ちを表現しています。

さらに、子どもが誰かによって治される、治療してもらった、変えられたというよりは、あたかも子どもはいつの間にか、先生との出会いを通して、自分の力が表れてきたというふうに変わっていっていることに、皆さんも聞いていてお気づきだと思います。

そういう論文をお書きになって、学会で話されたのを聞き、周りにそういうものへの理解が必ずしもないようなときに、新しい方法を、本当に患者さんのためを思って道を開いていらっしゃる。しかも、その成果がとても鮮やかで、それを淡々とお話しになられるということに感銘を受けました。

医学部でもない私どもの大正大学のカウンセリング研究所の院の授業に、恐る恐る「特別講義をしてください」とお願いしました。それまでお話ししたこともなかったのに、先生のお書きになったものを読んで、こういうふうに道なき道を本当に患者さんのためを思って開いていくという、先生のなさっていることから学ぶことは、いろいろな次元でたくさんあると思ったのです。当時皆にお話しくださったのが、実はこの事例を交えての理論的なお話でした。周りにまだ道がないときに、ことに医学部でこうした方法を取り入れてやってみようというのは、なかなか勇気が要ることだと思うのですけれども、ただケースがうまくいったというのではなくて、その背景の事情を考え、そこで道を開かれたということに、私は深く尊敬申し上げるところです。

そのときに、先生がおっしゃったことばで、とても大事だと思ったことは、「人間はバランスが大事だ。自分は医者だから、生物学的なアプローチもきちんと大事にしたいと思うけれども、でもそればかりではなくて、いろいろな方法を今、何が必要かということを考えながらやっていきたいと思っている」ということを、これも淡々とおっしゃいました。私はそのことをとても大事に考えて、折に触れて、また若い人に話してきました。

まず最初に、これは役に立つかもしれないという方法を使ってみようというときに、周りがそういう道ができているときというのは、施行しやすいですけれども、前例がないときは勇気が要ります。先生の勇気はどこから湧いてくるのでしょう、それを教えていただければと思うのですけれども。

◆**傳田**――もちろん北大は生物学派と言われて、薬物療法などで非常に有名ではありますが、自分の責任においてやるのだったら、何でもやっていいという感じがありまして、非常に周りに恵まれていたと思います。

私は初めに北大で一年間研修した後、旭川市立病院に四年ちょっといたのですが、そこで箱庭療法を学んだのです。そこでも非常に周りが理解してくれて、私は昔から児童精神科医をしたいと思っていたので、先輩に言ったら、自分が担当していた子どものケースを全部「傳田が見ろ」と言われました。

そのときに「箱庭療法というのがあるので、買ってくれませんか」と言ったら、「うちの病院の倉庫にあるんだ」と言われました。そこで子どもと一緒にそれを組み立てながら、「砂がないね」とか言ったら、いちばん初めにやったケースの父親が建設会社に勤めていて砂を持ってきてくれたり、という具合に周りに恵まれていたということがあります。ちょうどそのとき河合隼雄先生の教え子で、当時も教育分析に通っておられたユング派の藤沢惇子先生が旭川におられまして、その箱庭のケースを持っていって、いろいろ一緒に学ばせてもらったのです。病院のスタッフも皆協力してくれました。その後、山下先生が、北大でも生物学的なグループばかりでなくて、臨床グループを作ってやらないかというお話で呼んでいただいて、すごく周りの人たちに恵まれていたと、私は思っています。

◆村瀬――今、先生は周りの人たちに恵まれてとおっしゃいました。でもそういうものをさりげなく呼び寄せることというのは、実は仕事をしていく上で大事なことですね。

先生はスポーツがお好きとおっしゃいましたね。先生が子どもとのやりとりをされているときに、どこか太陽の光や、かすかな土の匂いのするような、妙に内面というところだけに焦点が当たっているのではなくて、何か健康な、いい意味でのバイタリティみたいなものが、子どもとの間に相互関係的に次第に働いてきて、それがまたユーモアの感覚にもつながっていくようなところを、皆さんもお感じになったと思うのです。少し話が変わりますけれども、こういう臨床の仕事をしていくときに、スポーツをするとか、何か趣味の世界を持っているということは、どんな影響があるとお思いでいらっしゃいますか。実は私はご本などを読んでいて、先生がスポーツマンだということも、おそらくとても意味を持っているように、行間から感じることがあるのですけれども。

◆傳田――これはおそらく村瀬先生もおっしゃっていたことだと思うのですけれども、子どもといろいろカウンセリングなどをして、ときには「こうしたほうがいいんじゃないの?」と言っても、子どもは全然それに従ってくれませんね。

いい治療関係

◆傳田――私は卓球も好きなのですけれども、精神科の病院は閉鎖病棟があるので、必ず卓球台があり、よく子どもとやっています。ですから卓球は自然に上手になるのです。スポーツで「こういうふうにしたほうがいいよ」と言うと、子どもはすごく素直なのです。いい治療関係というのは、スポーツのコーチと選手の関係が理想なのではないかと思うのです。もちろん、その人によって違いますけれども、あまり接近しすぎず、でも離れすぎずという関係、スポーツのコーチと選手の関係というのが、健康的な治療関係かなというふうに思います。非常に素直にこちらの言うことを聞いてくれていて、でも自分でもこうしたいと言える関係が、いい関係なのではないかなというふうに思っています。

◆村瀬――今、伺ったことはまさしくポイントではないかと思うのですけれども、でもコーチにもいろいろなコーチがあります。

◆傳田――鬼コーチもいますからね。

◆村瀬――今の先生のお話のコーチの特徴というのは、さりげなくヒントを与えようとする。子どもの卓球の仕方を見ていて、その子の今の実力がどれぐらいか、それからそういうふうに振る舞うその子はどんな子どもかという、それとなくその子の特徴を見ていた上で、その子に応じた形で「こうしたほうがいいよ」と言うのですね。鬼コーチというのは、自分のペースで「俺について来い」と言うのですよね?

◆傳田――そうです。私はサッカーをずっとやっていて、旭川市立病院のときも、旭川市役所のサッカーチームに入っていて、そこはけっこう強くて、仕事をさぼって全国大会に行ったりしたのです。

◆村瀬――旭川は冬は練習できないでしょう?

◆傳田――体育館でフットサルという小さいコートでやったりするのですけれども、市役所ですから、市民に奉仕しなければならないということで、ボランティアで、少年サッカーチームのコーチを皆でやったのです。

私の息子も昔、少年サッカーチームに入っていましたが、たいてい学校の先生がコーチをしていました。日本の少年サッカーチームの先生は叱ってばかりなのです。これでは全然だめだなというふうに、いまだに思っているのです。

でも僕らは皆、セリエＡやプレミアリーグを見ながら、小学生にでも最高の方法で教えようとしていました。どうしてこの時この位置にいなければならないか、というようなことを考えさせます。それは小学生でもすごくわかるのです。子どもたちも「初めてサッカーが楽しかった」と言ってくれて、だからそういうきちんとした本当のコーチをすると、きっと子どもはわかるのです。

◆**村瀬**――その本当のコーチというのは、おそらく自分がサッカーをちゃんとやれるというだけではなくて、サッカーの技術について、自分が夢中になってやっているほかに、それを対象化して、的確に人にも説明できる。それから自分が、ある瞬間こういうふうに体を整えて、ボールに向かったというその意味がパッとわかるとか。運動は夢中になってするときは、まさしく無念夢想ですけれども、本当に運動のよくできる人は、実際に瞬間の中で考えているように、今のお話を聞いて思いました。そうでしょうか。

◆**傳田**――そうです。

◆**村瀬**――それは臨床と同じですね。

◆**傳田**――たぶんそうだと思うのです。札幌にコンサドーレができ、コンサドーレのユースチームができて、北海道で優秀な子どもたちが、選抜でそのチームに入ると、「サッカーがこんなに面白いものだとは思わなかった」と言います。その練習とかを見ると、もちろん叱ったりしませんし、ヨーロッパなどに行ってコーチを学んできた本当に最先端の一流の人たちが子どもを教えるのです。そうすると子どもたちも目を輝かせて聞くのです。

本当にこういうコーチを普通の小学生が受けたらいいのになと思います。うまい子しかそこに入れないですけれども、そういう子たちは非常に考えて、今先生がおっしゃったように、確かに精神療法で変わっていく子どもたちと同じように、熱い中で非常に冷静に判断したり、それはこういう戦術を読んだのだろうかと思うようなことを、自分で編み出したりというふうに、どんどん発展していくのです。でも熱い、一生懸命するというのも技術で、根性を出してやるのも叱ってやらせるのではなくて、実はただの技術なのです。技術で走る。それを小さい子でも、きちんと教えると、どんどん発展していくというところが、確かに精神療法にすごく似ていると思います。

◆村瀬――そうですね、今お話を伺っていて、私はこういうふうに理解したのですけれども。それはサッカーのお話のようでありながら、そのときに子どもにこういうことが大事だと教えておられるコーチの頭の中は、先ほどの先生のこのスライドに出てまいりました、この図ですね。（一八ページ、図）

そして野球などと違って、サッカーというのは本当に瞬間的に全体の布陣が変わっていきますけれども、優れたコーチというのは、どの瞬間を輪切りにしても、あのときは全体にこういうふうな隊形になっていて、次の五秒の間にこう走って、こう変わってというのが、非常にクリアカットにあって、それにちゃんと意味がついているのでしょうね。

◆傳田――そうです。これは認知行動療法なのです。

◆村瀬――それも非常に高度のですね？

◆傳田――実はもうヨーロッパでは、実際にチームの中に認知心理学者がいて、メンタルケアをするのではなくて、作戦に入るのです。作戦の中に臨床心理士が入って、認知行動療法を用いているのです。日本の選手などは、自分のボールを相手に取られたりすると、アーッとなってしまう。その取られた瞬間にどうするかというのを頭でも体でも訓練していくのです。

◆**村瀬**──非常に戦略的なのですね。

◆**傳田**──戦略的なのです。全員が、ここで取られたらどう動くというのが全部頭の中にシミュレーションとして入っていて、そういうのには認知理論が使われているというので、これはもう精神療法と同じだなと。

◆**村瀬**──そうですね。また、サッカーというのはボールを持っている選手、あるいはその周りでそれを奪おうとしている選手、取られるのではないかと思いながら、どう相手を縫って行くかと思っているあたりに、ふつう私たちはいちばん注意を集中して見ています。けれども、優れた監督やコーチというのは、そこの焦点になっているものと、全体の広いグラウンドとが、同時に見えているような感じなのでしょうか。

◆**傳田**──そうだと思います。サッカーは試合が始まってしまったら、監督の指示は全く通りません。野球はその都度、監督がサインを出したりするので、野球のほうが監督の影響力は大きいと思われるかもしれませんけれども、サッカーも監督で決まります。もし本当にいい監督がコンサドーレに来たら、Jリーグで簡単に優勝してしまうと思います。それぐらい実は戦術的なのです。偶然のようにボールが転がっていくのは、すべて計算し尽くされているというか、いい監督はきっと十手先とかが見えるのでしょうね。

プロフェッショナルな感性

◆村瀬――そういう意味では、ものを強迫的に暗記するといういわゆる記憶力ではなくて、必要なポイントが非常にクリアに、素材として自分の中に入っていて、それを元にパッと自分の中で瞬間的にものを考えているということが、臨床でも大事ということでしょうか。

◆傳田――それで優秀な監督は、実はすべての試合を見ていて、ものすごく勉強家で、サッカーの理論の本も全部読んでいる。だめな監督は読んでいないですし、試合も見ていないです。

日本の解説者がヨーロッパのサッカーの解説をしていて、「最近のヨーロッパの試合はすごいですね」とか言っているのを聞くとこいつだったらだめだなと思います。たぶん、日本の選手も監督も、ヨーロッパなどの試合をあまり見ていない人が多いのではないかと思うのです。優秀な監督はすべての試合を見て、すべての戦術を知って、ものすごい勉強家で、でもその感性も鋭くてというのが、すごく臨床に似ているということですね。

◆村瀬――そうですね。今、先生は「感性も鋭くて」とおっしゃいましたけれども、たとえば日常生活で「あの人は何かとても勘が鋭いわ」というのと、仕事の中で感性を働かせるというのは、私は少し違うような気がしています。仕事の中の感性というのは、持って生まれた敏感というのとはちょっと質が違い、それは自分の中に蓄積している知識や経験を、今の目前の状況に、必要な形でパーッと組み合わせて、パッと判断した結果がプロフェッショナルな感性のように、さっきからのお話を聞いていて思ったのですけれども、いかがでしょうか。

◆傳田――実際の生活や、実際の場面ということですか。

◆村瀬――いや、プロフェッショナルな場面です。実際の生活というのは、もっと感覚的に「この味噌の味は何か独特の香りがする、これはどこそこで作ったのだろう」というようなものですね。けれども、いろいろな要素がそこに絡まっている臨床の場面で、パッと何か一瞬感じるということばで表現しますけれども、実はその感じるというのは、その観察したものがどんな性質のものかということを、自分の中にある知識と経験を総動員して、その感じたものの実態を捉えて、それに見合った反応をする。それが臨床の中での感性ではないかなと、先生のさっきからのお話を聞いていて、私がことばにするとそういうことかなと思ったのですが。

◆傳田――そうですね。たとえば北大の精神科ですと、最重症例もいらっしゃるのです。ですから最悪の事態になるということも知っていなければならない。この人の目の前で今にこにこしているけれども、でも何か最悪のこと、あらゆることを想定していなければならないのではないか。かつて失敗した例や、病棟で起こった最悪の事態などを総動員して、ここでこの判断がいいかと考えます。それは瞬時にしなければならないですが、その最悪のことや、いろいろなことの中で、一応準備しておく必要はあるというふうに、いつも思っています。

◆村瀬――なるほど。先ほども先生がおっしゃいましたけれども、それは臨床に馴染まないことばかもしれませんけれども、本当に高度の戦略ですよね。戦略というのは、最新のこの技術をどう使ったらいいか、たぶんこういうふうに効くのではないかと、わりと二元的なところで考えていることですけれども、今おっしゃったことというのは、いろいろな次元のことや、違った性質の出来事を一瞬に、多次元のことを同時に考えて、しかもちょっと先を常に予見している、その上で現在を凝縮して生きていくという感じでしょうか。

◆傳田――そうですね。今はそうではないですけれども、たとえば病棟を担当しているときなど、北大で初診の方とかですと、どうやってこの人を入院させようかという戦略を練りながら、初めてお会いするという場面がしょっちゅうあるのです。関係を作っていかなければならないし、でも最悪の場合に、閉鎖病棟の保護室にこの人をどうやって入院させようかということも考えながら、というすごい緊迫感をもってお会いします。そういうことも想定して本当に戦略的に、でも強制的ではなくて、なんとかしぶしぶでも納得してもらうためには、どういう話からしていこうかと。もちろん来る人が皆さん入院しなければならない人ばかりではないですが、基本的には同じです。

私は最近は時間があまりないので、とりあえずこれまでの経過をA４用紙一枚で書いてきてもらって、それをまず読ませていただいてから診察に入るのですけれども、どういう話からしていこうかと、そこで一生懸命戦略を練ります。絶対に入院が必要な方もいますし、治療の必要はないと思う方もいますが、その場合でもどういう話をして、最後にどういう形で納得して帰っていただこうかという……、確かに偶然にやっているようで……。

◆村瀬――非常に考え抜かれた。

◆傳田――心の底ではいろいろと「あくどい」ことを考えながらやっています。

◆村瀬――先生はわざとユーモラスに「あくどい」という表現を使われましたけれども、実際は考え抜くということが根底にあって、しかもそれを責任を持って決める側であっても、出てきた結論は、双方向的にお互いにそれが今必要な事実だということをどう共有して、向こうの誇りというか自尊心もちゃんと守れるか、ということでしょうか。

◆傳田――そうですね、戦略的でなければならないけれども、でも入院する場合でも、あくまでもなんとか本人の意思で、本人に決めていただきたい。そのためにどう戦略を練っていくか。それが自分で決めて、しぶしぶでも入院する場合と、嫌だと言って入院するのとは、すごく違うと思います。本人の自尊心を守りながら、自分で決めたのだというふうに、なんとか持っていきたいと思います。

考え抜くということ、質のいい戦略

◆村瀬――お話を伺って思いますことは、質のいい戦略というのは、日頃から勉強の蓄積が必要で、ひょいとした一元的なもの、何かただ出てくるものでは絶対にないですね。

◆傳田――そこはなかなか、そう簡単にセリアＡの監督にはなれないですから。本当にいろいろな症例を読んだり、村瀬先生の本を愛読して、まずそれを読まないと話にならないですから。

◆村瀬――それから少し立ち入ったようなことを伺いますが。先生はいろいろな広い領域にわたる専門の論文をお書きになっているほかに、本も書かれ、ことに子どものうつ病については、どなたもそういうことに手をつけられなかったという、非常に幅広くて深いリサーチをなさっていて、ものすごくご多忙ですけれども、二番目のお子さんがお生まれになられたときに、少し育児休暇を取られたと伺ったのですが。

◆傳田――はい、そうです。当時は北大の病棟医長という非常に忙しい仕事をしていて、三六五日二四時間いつも病棟のことを考えていたのですが、子どもが三人いて、かみさんの両親も働いていて、私の実家も静岡なので、とにかく二人で育てるしかなかったので、もちろん三人とも育児休暇を。一人目のときだけは自分の病院で産んだので、診療の合間に観察しに行っただけで、二人目、三人目のときは北大で初めて育児休暇を取りました。

◆村瀬――今、先生は何気なく自然に、笑いながらおっしゃいますけれども、お仕事の性質上、お立場上、普通だったら自分がそんなことを直接やらなくてもと思うのが、だいたいの日本男子だと思うのです。先生の臨床は本当に息づいたもので、それはとても深くて素晴らしく、最先端のことをされていながら、妙に技術や理論に走らずにバランスが取れていらっしゃる……。それは、子どもは両親が育てる、男性も育児に参加するということを、全然気負わずに生活人としてご自分の生活もバランスを取って、責任を引き受けて暮らしていらっしゃるからでしょうね。「自分は非常に意味のある仕事をしているのだから、そんなことを自分に期待するな」というのが普通の方です、今だってそうですね。

◆傳田――でも若い人たちは、だんだん変わってきて、当然のように夏休みを三週間取ったりしています。最近は産休を平気で取るようになったり、家事・料理をやったりという若い人たちが増えているのではないでしょうか。

◆村瀬――全体が変わりつつありますけれども、でも先生は、こういうふうに本当に立派ないい仕事をするということは、妙に何かを無理してそちらを削るということではなくて、それぞれのものを豊かに、しっかり両立させるという生き方に裏付けられた臨床と、研究と教育のあり方の先鞭をつけられた方だと思うのです。そういうふうに非常にバランスの取れた生き方をするには、どんなことに気をつけたらよろしいのでしょう？

◆傳田――私が先生に聞きたいぐらいですけれども……。山下格先生は教授になってもすごく謙虚で、生物学的な研究もなさっていましたけれども、対人恐怖症とか、そういう臨床にも非常に熱心でした。まずはこういう精神科医になりたいと、それでその先生の論文をたくさん読みました。

私は精神療法に関しては村瀬先生の本を読んで、こういう論文を書いてみたいと思いました。村瀬先生との出会いは、村瀬先生にぜひ札幌で講演をしてもらいたいと思って、私が電話したのです。そのときに北大で臨床グループといっても、私のボスの笠原（敏彦）先生と二人でやっていたのですけれども、「村瀬先生を呼ぼう、お前が電話をしろ」と言うから、緊張しながら先生のお宅に電話した覚えがあります。こういう精神科医になりたい、こういう精神療法家になりたいという目標をまず見つけて、その先生の本を戦略的に読んで、なるほど、こういうふうにして書くのだなというのを知り、それで頑張ってきました。

◆村瀬――恐縮でございます。傳田先生は文武両道でいらっしゃいますし、今日はこういう非言語的な療法を主にお話しくださいましたけれども、もっと別の、生物学的な観点からの素晴らしい研究もなさっていますし、本当にいろいろな方向にバランスを持ってお仕事をしていらっしゃいます。

それで、もう一つ伺わせていただきます。私は初めてお会いしたとき、何か先生は気負わなくて淡々としながら、でもいつもものを考えていらっしゃいました。お仕事をたくさん抱えていらして、そういうお立場にある方はお目にかかりますとたいてい「忙しくてね」というのがご挨拶の後に出てくるのですが、先生は「疲れた」「忙しい」というようなことばはまずおっしゃらなくて、お若いときと同じように、ある意味でとても若々しくていらっしゃられるのですけれども、それはどういう秘訣があるのでしょう?

◆傳田――若い人たちと一緒にいるというのは、いいと思います。北大の精神科にいるときには研修医、若い先生方を育てるというのが、すごく生き甲斐だったのです。自分で教えながら疑問に思ってくることもあるので、一緒に勉強していく。大学院の学生さんと一緒に考えて、今は主に作業療法の人たちと一緒に、精神科作業療法やリハビリテーションのことを考えていると、また全然違う視点があるのです。若い人たちは未熟なところもあるけれども、一緒にやっていくと非常に若々しい気持ちでいられるという、今の仕事が非常に大事ですから、ありがたいところにいさせていただいているという感じです。

◆村瀬――ありがとうございました。短い時間ですけれどもとても豊かな、含蓄のある、そしてときには楽しいお話を伺えたと思います。最後に先生から、このことを一言、伝えておきたいというおことばをちょうだいして、閉じさせていただきたいと思います。

◆傳田――まずは村瀬先生とか、誰かの真似をするということです。真似をするというところから始めて、それからさっきの客観視ではないですが、子どもから自分はどう見えているのだろうというのを、いつも考えて、すごく単純なことですけれども、その子どもにいったい何ができるだろうということを、いつも考えて臨床をしています。

◆稲田――傳田先生、村瀬先生、どうもありがとうございました。ご質問のある方は、ご遠慮なくご発言をいただきたいと思うのですが、どなたかいらっしゃいますか。ではまず私が質問をさせていただきます。

今日のお話の中で、一つすごく感じたところというのは、村瀬先生のおことばの中で、傳田先生も

「これに尽きるのだな」とおっしゃったところです。「治療者が自己を洞察する深さにおいてしか、相手の問題は理解できない」というような、自己覚知の努力ということを強調されていたと思うのですけれども、そういった部分というのは、ある意味、治療者がクライアントに対して、どのようにそれを見せていくかというか、見せるというのとまた違うのかもしれないですけれども、滲ませるのかというか、そういうところが、すごく難しい感じがするわけです。

われわれが教育されている部分では、できるだけ自分を出さないようにとか、価値観を押しつけないようにということを言われるわけですが、そういった中で、いかに治療者の洞察をクライアントに見せるかというところで、傳田先生が工夫をなさっている部分というのを、お伺いしたいのですけれども。

援助者として子どもにどうやって会うか

◆**傳田**——一枚目のスライドに「子どもの心に出会うこと」と書いたとおりです。子どもが初めて病院を受診したときに、さっきお話ししたように、お母さんにＡ４用紙一枚で、今こういう経過だというのを書いてきてもらいます。あるいはスクールカウンセラーの先生が書いてきてくれたりとか、情報はＡ４用紙一枚は必ずあるのです。それを読んで、このことを自分に問いかけるのです。援助者として子どもにどうやって会うか、なぜこの子は今日来たのか、自分の意思で来たのか、何が問題となっていて、それは本人の問題か親の問題かというふうに。そこで一生懸命考えたときの表情が、きっと子どもにとっては、自分のことを考えてくれているというように映るのではないかと思うのです。

それがどういう表情をしているかはわからないですけれども、一生懸命考えて、どうしようかなと思ってパッと会うのです。自分で待合室まで行って「何々さん」と呼んで、そのときに子どもの顔を見て、母親の顔を見て、またいろいろ自分で考えて話す。それが子どもには、何か変えてくれるというふうに感じてもらえるのかな、と思っていますけれども。

◆稲田――ありがとうございます。ほかにご質問の方はいらっしゃいますか。

◆質問――子どもを連れてきた母親が、子ども以上に病んでいるな、こちらのほうが問題だなというときは、どういう対応をなさるのでしょうか。

◆傳田――それでももちろん原則どおり、子どもの話を聞いて、今いちばん困っていることは何でしょうと聞いた後、子どもに「お母さんに話を聞いていいですか」と言ってから、母親に聞きます。そこは全く同じにして、母親の言い分も聞きます。そうすると、それに対して子どもは、いろいろな反応を示しますけれども、そこは基本的にどの方も同じにします。

この母親も治療したほうがいいと思う場合はありますが、それでも基本的に、本人と一緒に来てもらって何回かお話をしていくと、母親が「実は」という形で、必ず自分の問題にも触れてきます。その場合には母親の話を聞いて「でもここは、この子の問題をお話しする場にしましょう。お母さんがもし相談したいことがあれば、私の信頼できる先生を紹介するので、自分の問題はそこで話して、ここではこの子のことをお話ししませんか」というふうに、基本的に自分ではなくて、自分の信頼している精神科医を紹介します。初めから「お母さん、別の病院に行ったほうがいいのではないですか」というのはもちろん言わないで、その母親が困って子どもを連れてきたので、そこからです。でもこの子の話をしていくと、母親は自分も聞いてほしい、その子どもが私と話しているのを横で見て、子どもの問題だけではなくて、自分の話も聞いてもらいたいとたぶん思っていきます。そのときに別の病院を紹介するようにしています。

◆稲田——今日はどうもありがとうございました。

参考文献

村瀬嘉代子　初出「子どもの精神療法における治療的な展開」一九八一、『児童精神科臨床２』星和書店　村瀬嘉代子『新訂増補　子どもと大人の心の架け橋』二〇〇九、金剛出版、収録.

言語障害をもつ人との豊かなコミュニケーションをめざして

北翔大学
風間 雅江

私は北翔大学の教員として、また本学臨床心理センターの所員として、教育・研究・臨床に携わっておりますが、今の職場に勤める前は、医療・福祉・保健機関で言語聴覚士あるいは心理職として、ことばの障害や心の問題を抱える人々と長くかかわってまいりました。大学で心理学を専攻し学び始めたときから数えると、心とことばの問題について専門的知識を得て、勉強や研究をし、悩みながら臨床実践をしてきた年月というのは、三〇年近くになります。現場で勤め始めた当時は、コミュニケーション障害をもつ方々に専門的な支援を行う職種に対して国家資格制度化がなされていませんでした。言語聴覚士という名称で国家資格になったのは平成一一年ですから、まだ一〇年少々の歴史です。国家資格制度が整う前の時代から、急性期医療の脳神経外科、慢性期医療のリハビリテーション病院、他に子どもの発達相談の公的機関などで働き、言語障害をもつ方々とかかわらせていただく中で、本当に多くのことを学ばせていただきました。

ここ数年来、自分が年を重ねるにつれて、経験と知識は積み重なっていくのだけれども、それをしっかり消化して、整理しながら次の臨床につなげていくという大切なことが、うまくできないままでいることに、とても苦しい思いを抱いています。そのような自分が、かつて出会った言語障害の方々から学ばせていただいた大切なことを、いま一度改めて思いおこし、その方々やご家族、当時の現場のスタッフとの連携をふりかえりながら、言語障害をもつ方々とかかわるときに心に留めていただきたいことを話したいと思います。

ことばと心

「はじめにことばありき」ということばがあります。これは新約聖書、ヨハネによる福音書の最初のことばです。古今東西を問わず、ことばはどれだけ人間にとって大事なものか。人間を人間たらしめるものはことばであるとも言われており、ことばの重要性はどのような文化でも人間である限り、共通して認識されていることだと思います。では、私たちは普段の暮らしの中で、どのようにことばを扱っているのでしょう。大事なことを意図的に情報として伝えることに限らず、「今なにしてる?」とか「どこにいる?」とか、とりとめのない問いかけを、携帯メールなどでやり取りしています。こうしたとりとめのないことばのやり取りによって人とつながっていたい、人とのつながりを通して、自分の存在を確かめたいという根本的な欲求が、誰の心の中にもあるのだと思います。

また、心理療法におけるカウンセリングを取り上げてみても、カウンセリングはクライアントのことばに耳を傾け、かつクライアントの助けになることを願いながら、ことばを吟味して語るものです。ことばそのものが、心の治療において極めて重要な役割を担っています。医療の世界では、患者さんはお金を払って、治療効果を求めて病院に来るわけですから、エビデンス・ベイスト・メディスンということばがあるように、科学的根拠がある治療が行われるものが原則となっています。しかし一方で、患者さん自らが語ることば、あるいは医療者が患者さんに向けて語ることば、そのことばに薬やさまざまな医療的な行為を超えた大きな力があるということが注目されています。語りのことをナラティブと表現することがありますが、ナラティブ・ベイスト・メディスンの重要性が指摘されるようになってきました。

病の語りと癒し

ここでアーサー・クラインマン、医療人類学という新しい研究領域のパイオニアの本から、一つのエピソードを紹介したいと思います。クラインマンは、ハーバード大学の医療人類学と精神医学の教授ですが、彼が一九六〇年代の医学生の時に出会った患者さんとのかかわりが、独自の考えを切り拓くことになったと述べています。

その患者さんの一人は七歳の少女で、全身に非常に重い火傷を負い、病院に運ばれ、治療を受けていました。当時の治療としては、流れる水の中でただれた肌から命を失った皮膚をはぎ取るというもので、血液がその水を赤く染めていくような中で、この子は「もうやめて、やめて」と叫びながら苦痛に耐え、医療チームのかかわりをずっと拒否していました。実際に皮膚をはぐという医療行為をするのはレジデントの外科医でしたが、医学生のクラインマンは医療チームの補助として、この子の手を握り、何かこの子の心を少しでも慰めるようなことをしたいと願い、毎日かかわっていたわけです。しかし、自分はそばにいても、何か心を和らげるようなことばをかけることもできない、小さい手をしっかりつかむこと以外に何もできないという、自分の無力さに腹を立て絶望した末に、クラインマンはこの子に聞いたそうです。「あなたは、どのように苦しみに耐えているのか。こんなにひどく火傷をして、連日ぞっとするような外科的処置を受けるのはどんな気持ちのものか話してもらえないか」と。

彼女はとても驚いた様子で、うめくのをやめ、変形のために表情を読み取るのも難しい顔でじっとこちらを見つめた。それから単刀直入なことば遣いで、クラインマンに語り始めたそうです。話している間、この子はクラインマンの手をいっそう強く握りしめて、「もうやめて」と叫ぶこともせず、外科医や看護師を退けることもしなかった。それからの日々、クラインマンとこの少女とのかかわり合いの中で信頼が生まれていき、この子は次第に外科的な皮膚の治療に対して受け入れる態勢ができていった。リハビリテーションの治療が一段落つくころには、すっかりうまい治療の受け手となっていたということです。

この中でクラインマンは、どんなに苦痛のある患者さんとのやり取りの中でも、その病についての語りが成立し得る。そして、その語りの中で患者が成長していったり、その語りそのものが治療の意味を持つことがあるのだと指摘しています。

改めてコミュニケーションとは何かについて考えてみましょう。もともとコミュニケーションはラテン語の communis が語源で、これは何かを共有すること、情報や思想、態度など、いろいろなものの共有、あるいは共有する試みというのが、この communis の意味として、あるそうです。コミュニケーションは、人が「社会的存在」として生きていく上で必須の行為であるということです。コミュニケーションは人と人との相互作用ですが、この中で私たちは知らず知らずのうちに自分の心が癒されたり、あるいは他者を癒したりということが起こっています。

ことばを失うということ——コミュニケーション障害

では、ことばを失うこととは、どんなことなのだろうかを考えていきたいと思います。福祉の領域でも、傾聴ボランティアという活動が数年前から注目されています。ひたすら語っていただき、ひたすら聴く。そうした中で、心の安定が取り戻せたり、不安が軽減されるということがあると指摘されています。こうしたコミュニケーションが、精神活動としては非常に重要で、心の健康にも必要です。ことばを失った場合にどんなことが起こるか。言語障害にはさまざまな種類があることは、後でご説明したいと思いますが、語ることを阻害された言語障害の方々にとっては、語りによって癒されることがなくなり、これは非常に大きなハンディキャップです。

成人としてある程度の社会経験あるいは人生経験を負った途中で、中途障害としてコミュニケーション障害が生じる場合があり、多いのは失語症です。これは数年前の調査でも、全国で三〇万人以上いると言われ、成人に多い言語障害です。他に、構音障害、平たく言うと発音の障害で、いわゆるろれつが回らなくなるとか、うまく発音ができなくて、何を言っているか相手に伝わりにくい状態があります。それから音声障害、これにもさまざまな種類がありますが、たとえば、喉頭がんなどの病気で、声帯を摘出したために、声を失った場合が挙げられます。精神機能低下に伴う言語障害もあります。これは、たとえば認知症などで、言語に限らず、思考や記憶など、さまざまな精神症状が合併したときに、通常のコミュニケーションとは違う発話がたくさん出たり、あるいは他者からすると意味が理解できないような話がたくさん出てくる状態が含まれます。

次に、子どものコミュニケーション障害について、お話ししたいと思います。子どもの場合は生まれてから特にことばの教室に通うまでもなく、自然な言語環境の中でことばを獲得していきます。しかし、何らかの理由で、その獲得がスムーズにいかない子どもたちもいて、そうした状態を総称して言語発達障害と呼ぶことがあります。自閉症の場合は、ただ単にことばやコミュニケーションといったところだけではなく、対人関係の問題がその基盤にあります。それから機能性構音障害、あるいは音韻障害と言われる状態があり、子どもの言語の発達過程の中で、音に関する何らかの間違った学習がされてしまい、特定の発音が言えない、ある音がある音に置き換わるとか、そうした状態が生じることです。その次の器質性構音障害は、お母さんのお腹の中にいるときに、受精卵が胎内で発達していくわけですが、その途中で融合不全が起こって、生まれつき上顎や口唇が割れていて、発音がうまくできない状態です。

成人、子どもの両方に見られる言語障害としては吃音があります。音が繰り返されたり、不自然に引き延ばされたり、話したいことは頭の中に浮かんできているのだけれども、音の流れが悪くなる状態です。聴覚障害は先天性の場合も、中途の場合もありますが、音声を耳からきちんと聞き取ることができないために、話しことばの獲得が難しくなる状態です。

以上、挙げましたように言語障害の種類はたくさんあり、医療の領域としては、たとえば失語症ですと脳神経外科やリハビリテーション科、聴覚障害や音声障害では耳鼻咽喉科、口蓋裂だと歯科や口腔外科と多岐にわたっています。また吃音などは、教育の領域でもケアが必要となるところです。これだけある、さまざまな言語障害は一つひとつが特徴も、原因も、対応も違いますが、今日は主に成人の言語障害のうち、失語症と音声障害を取り上げたいと思います。

失語症とは

まず失語症という言語障害について説明します。脳の左半球の特定の部分に、私たちが言語活動を行うときに活性化する場所があります。一つは前頭葉のブローカ野というところです。もう一つは、側頭葉にあるウェルニッケ野、そしてこの二つの領野を結び付ける弓状束という神経繊維の束も重要です。また、頭頂葉にもことばを司る重要な部分があります。この大事なブローカ野やウェルニッケ野などの言語を司る部分が、脳の何らかの病変により傷を負うと、失語症という言語障害が生じます。精神的にすごくショックなことがあって、声が出ないというのは失語症ではありません。原因は脳血管障害、交通事故などによる脳外傷、脳腫瘍といった脳疾患が多いのですが、それにより脳の実質が傷を負うといった状況が起きて生じるのが失語症です。

失語症は音声言語と文字言語の両方で問題が生じます。大脳の中で、たとえば私はこうしたいという意思や、こういうことを訴えたいという欲求が湧く、そうした思考過程には問題はありません。ただし、思考過程の中で起こったことをことばに変換することが脳の特定部位の損傷によりできなくなります。たとえば脳の中に、私たちの記憶の貯蔵庫として、ことばの単語がいっぱい入っている部分があると想定しますと、ことばの情報をうまく引っ張り出せない。別なことばが引っ張り出されてしまう。せっかくことばの情報が脳で引っ張り出されたとしても、その音の並びがぐちゃぐちゃになってしまう。あるいは文法の知識があるのに、それが使えなくて、意味不明の文になってしまうことが、脳の病変によって起こってしまいます。

失語症をもって生きるということ

失語症の言語症状として、滑らかに言えなくなるという状態があります。単語レベルでしか、出てこない。話したいことはいっぱいあるのだけれども、単語でポツリと、あるいは音を一つひとつ探すように言う状態があります。これを流暢性の障害と言います。一方で、失語症にもいろいろなタイプがあり、一見、とても滑らかに話せているようにみえて、実際に出ていることばは、その国の言語の体系とは全くかけ離れたもので、どこかよその国の不思議なことばを話しているような状態もあります。

次に、ことばそのものを思い出すのに苦労する喚語困難という症状があります。他に、たとえば「めがね」のことが「めがれ」というように音が換わってしまう音素性錯語、「めがね」と言いたいのに「くし」と別の単語になってしまう語性錯語、こうした話しことばの変換が起こる症状があります。同様の症状が文字言語にも現れて、文字が思い出せなかったり、別の文字に置き換わることもあります。そして、話しことばの障害と同等に、言語を聞いてそれを理解することができないという障害が生じる方も多くいます。

こうした失語症に伴って、心には、あるいは暮しにはどんな問題が起こるのだろうか、考えてまいりたいと思います。私は言語聴覚士として働いていたときに、その職の果たす役割として、ことばを引き出さねばというところで、ものすごく気負っていた時期が長くあったことを深く反省しています。ことばが話せないことは、先ほどのコミュニケーションの持つ意味合いとか、人間存在にとってのことばの意味合いを考えますと、大変な心理的危機状態にある。そうした心のつらさ、心の危機的な状況というものを理解せぬまま、ことばを一生懸命引き出そうとするのはとんでもないことだったと、今、深く思い起こしています。

失語症の場合は、ことばを司る脳の部位の脳細胞が破壊されてしまう。リハビリテーションによって、より神経ネットワークが多様になり変化し得るということは脳科学でわかっていますが、破壊された脳細胞そのものが生き返ることはないのが原則です。そうなると、脳損傷の領域が広い方は、生涯にわたり重いコミュニケーション障害を背負いながら生きていかねばなりません。こうした障害を持って生活し続けることは、どういうことなのか。また、その当事者である患者さんだけではなく、たとえば以心伝心で通っていた夫婦間で連れ合いが失語症になったとき、どのような状況に陥るのか。こうした家族の問題も併せて考えていかなければならないと思いました。

当事者が求める心理的な支援とは

こうした当事者、そして家族はどういう心理的な支援を求めているのだろうかということについて、一つの事例を通して考えていきたいと思います。

この方は一つ目の職場でご一緒だった方で、長い年月を経てのお付き合いがありました。私が大学に勤めることになってから、自分たちの経験が学生さんの勉強になるなら喜んでということで、ご自宅に私たちを招き、学生さんともどもお話を聞かせてくださいました。その時のお話をテープに録音して、それを話すことにも快く了解を得られた方です。ご主人が炭坑の中で働いているときに脳梗塞を発症し、失語症を負いました。当初は身体障害はさほどなかったのですが、右片麻痺になりました。大脳の左半球に言語を司る部分がありますが、運動を支配するのは左右逆転になっているので、左半球の損傷を負う方は、右半身の麻痺を伴うことが多くあり、この方もそうでした。

リハビリテーション病院を退院した後ご自宅に戻られて、その後は長い間、ご夫婦と長男さんで一緒に暮らしています。ご主人はことばの障害が非常に重く、私どもがお話を伺っている間に、ことばを若干話せるときもあるのですが、発症後どのように障害を乗り切られたかをお伺いすると、ほとんど奥様が代弁してお話しくださる形でした。

その語りについて改めて整理しました。まずコミュニケーションの問題について、「(発症当初) ことばが出なくて、いらいらしちゃって」とおっしゃり、奥様も「わたしも初めてだからわかんなくて」。「出ることばが『あ』しかないんですよ。だから何言われてもわからなくて、あいうえお順の表を作って、それを指差してことばをつなげていって……」。しかし実際には、失語症という言語障害を負う人にとっては、五十音表を見せられ、指差してごらんというのはとても難しいことなのです。日本語では平仮名は音を表す文字ですが、音と意味と両方の役割を担う漢字のほうがずっと理解しやすい。意思疎通のために、いろいろ試行錯誤されたということでした。今は「電話きたら『おーい』って呼んで、わかんないときはメモして。今は普通にしゃべれる」。お話を聞いたときも、まだかなり失語症は残っていましたが、ご夫婦の間では「しゃべれるようになった」という実感をお持ちでした。

発症後、間もないときの心理危機について、障害を負ってその苦しみが非常に強い時期のことを「それからがもうたいへん、悪夢」とか「修羅場」「地獄」という表現で繰り返し語られていました。

病院の中で付き添っているときに、患者さんが寝てからご家族同士が夜の院内のスペースでお話をしていると、三年目までは「死ぬ病」が離れないということを言い合うのだそうです。三年を過ぎたら、少しずつ精神的に安定してくるけれども、本当に死と隣り合わせ、気持ちの上では死んだも同然という認識が、ご本人や家族の中にあったということです。もし体が元気であったとしても、自分の気持ちを伝えることばを失うと、それまでの自分の存在が失われてしまうかのように感じるということが、こうした語りからわかります。

この患者さんが退院されご自宅に戻られて、ご夫婦で家の外を散歩されたときに、近所の人がちょっと離れたところで「かたわだね」と言っているのが聞こえたときの出来事を話されました。家に着いてから、ご主人はぼろぼろ涙を流して「もう俺、外行かない」と大泣きをする。「かたわって言われるんだったら俺死んだほうがいい」と言って、このときは一週間は家から出なかったということです。最初は奥さんも一生懸命慰めようとしていましたが、「あんたは勝手に家にいなさい、私は外に出ないと暮らしていけないから、外に出る」と言って御主人を置いて買い物にいったら、数日後には俺も一緒にということで、だんだん外に足が向くようになったということでした。世間の人のほんの一言が、せっかく立ち直っていく過程で、またストンと奈落の底に落とすようなことがあるという例だと思います。

その後のこの方は退院して数年後にご自宅の玄関で転んで大腿骨を骨折してしまいました。その前は半身麻痺がありながらも杖と装具で歩行できていたのですが、今度は車いす生活になりました。「(歩道では)車いすの人をよけてくれないの。そしたら今度ね、(夫が)怒るのよ」と奥様のため息まじりのことば。また、福祉のサービスとして、タクシーの券をもらって出かけたりするのだけれども、タクシーの運転手さんに階段のあるところで降ろされて、車いすもドンと下ろされて、自分たちはぐるっとスロープのところまで遠回りして歩かされる。世間の人はまだまだわかってくれないという、つらさを訴えていました。

また、介護者としての奥様の心理的な負担にかかわることとして次のように話されました。奥様が病院に連れて行ったりデイ・ケアに一緒に行くと、周りのスタッフから「奥さん頑張ってね」「奥さんが倒れたら旦那さんが困る」とよく言われたそうです。家では、娘さん、息子さんからも「お母さん頑張って」と言われる。身内は夫には優しく一生懸命慰めているのに、私には厳しい。これがいちばんきつかった、自分の体が自分の体でないみたいとおっしゃる。奥様が二人分の人生の重荷を背負っているという語りもありました。

このお話をうかがいながら、長く話すとお疲れになると思い「今日はありがとうございます」と途中で申し上げたのですが、もっともっと一三〇分間話し続けてくださいました。終わりのほうで「こんな日がくるなんてほんとに夢にも思わなかった」「今は夢のよう。みんなで笑っている場面なんて想像もできなかった」「今は暗いトンネルぬけちゃって、光があたってるんですよ」「幸せだと思うよ、ほんとに」とおっしゃっていました。奥様のことばには、「私が成長したんですよ。私のほうが勉強になったんですよね。障害者の人が頑張ってるから、私も励みになってね」といったように、過去をふりかえるとき改めて自分を成長させるための貴重な時間だったと意味付けし直していることがわかりました。

次は失語症の患者さんの会に参加させていただいたときに、お聞きした話をします。いつもご夫婦で参加されている奥様がお話しされたことばです。「夫は私たちが夫婦だということをわかっていないのではないかと思う」と急に話されるのです。もう何年来、仲よくしていて、意思疎通がものすごくできている。ご主人は失語症という障害があるので、ことばは少ないですが、それでも気持ちが通じ合っていて、会を引っ張っていってくださるご夫婦だと私は思っていたのです。

そこでもう少し詳しく伺うと、夫が家で「……ですか?」とか「すみません」とか病前とは違う話し方をする。病気の前はこんな堅苦しいことばは言わず、むしろ亭主関白で命令口調のことが多かったのに、こんな仰々しい表現をするのは、私のことを妻だとわかっていないのではないかと思うとおっしゃいました。奥様がそう感じられた理由となる出来事はいろいろあったと思いますが、ご主人は職業生活をされている途中で言語障害を負われ、職業生活の中の「ですます体」の丁寧なことばが、社会的なことばとして、むしろ自然に出やすくなったという可能性があります。またそれとは別に、自分がもし元気だったら、こんな生活にはならずに、夫婦でもっと楽しい暮らしができたであろう、妻には申し訳なく思う、そうした奥様への気遣いや気がねがあるのかもしれませんし、このような想像を越える理由もあろうかと思います。

私たちは障害や病気のある人とかかわるときに、受障や発症前のお姿はどうだったのだろうということを一生懸命想像しようとしますが、現実は想像とは異なることが多いかと思います。私がリハビリテーション病院で働いていたときに、三〇代の働き盛りの男性が、くも膜下出血で失語症になり、職場を休職して一生懸命リハビリテーションに励まれており、ことばは単語レベルでやっとポツポツと出てくるぐらいの方でした。ある日、奥様がおうちでの様子、ご主人の声の記録として、カセットテープを貸してくださったのですが、それには自分の子どもに本を読み聞かせる声が入っていました。病院で担当となり、すぐそのテープをいただいたのではなく、しばらくことばのリハビリテーションに入ってから聞かせていただいたテープでしたが、声の質まで違うような、描いていたお人柄のイメージも覆すような、全然違う病前のお姿が、そのカセットテープの声から想像できました。こうしたことから、いかに病前の状態と違う状態に変わるのかといったところも、常に私たちは認識していなくてはいけないと思います。

言語障害をもつ方々への心理的支援について、失語症に限定してお話ししましたが、家族間コミュニケーションの困難もあり、普通であれば家では愚痴を言ったり、外では言えないことを言ったり、いろいろ吐き出し合うことが許されるような場である家庭において、それができない。不安、社会的孤立、身体は自由に動けたとしても、心の面では本当に死と隣り合わせの危機の状態にあることを、理解する必要があると思います。また、先ほどの奥様の語りにもありましたが、患者さんご本人だけではなくて、家族の苦悶に対して、私たちはいつも考えていかなければいけないと思います。理解しよう、想像しようとしても、実際に話せてしまっている自分が理解できる範囲は限られています。それで、こうした方々が障害を負った後、どうやって希望を取り戻し、社会復帰に向けていくかというときに、同じ障害を持つ人同士での支え合いがいかに強いかということについて、次にお話ししていきたいと思います。

障害を持つ人同士での支え合い

「北海道失語症友の会」という患者さんの会があります。この会は昭和六三年、今から二十数年前に結成されたもので、結成されたときから、私もことばのリハビリにかかわる専門の立場から、参加させていただいておりました。年一回の総会、月一回の例会があり、「北の会」という呼び名が付いています。この名前の由来には、北海道の「北」と、「おお、よく来た、また来たのかい」の「来たのかい」の二つの意味合いがこめられています。今の三代目会長の谷川さんは、設立当初からご尽力され、今もことばの面で不自由はありますが、会報の発行はじめ会の運営など、広く聴覚障害の方が活躍されています。例会では毎回、要約筆記のボランティアの方が来てくださっています。要約筆記とは、はじめ、ことばを聞いてすぐに理解できない方に、話しことばを文字にして伝える方法です。失語症の場合も、聞いて理解する上で難しいところがある方が多いので、北の会では、要約筆記の方は、話されることばを即座にＯＨＰシートにペンで書きながら投写機でスクリーンに映して、参加している方が文字情報で確認する案配になっています。

この要約筆記というのは、ただ単に話しことばを写し書きするものではなく、書くスピードが限られている状況で、話されることばの重要なところをいかにきちっと伝えるか、優先順位をつけて、見る人が理解しやすいように情報を提示するのですから、ものすごく難しい作業です。本学でも聴覚障害をもつ学生さんがいるので、その学生さんを支えるためにボランティア学生が活躍していますが、要約筆記ボランティア団体の方にはその学生さんの指導のために年に二回ほど、講師として来ていただいています。私も学生さんと一緒に要約筆記の講習会に参加したのですが、話しことばをある程度聞きだめしておき、その中で優先順位をつけて文字で表現するには記憶力と幅広い教養と語彙力、あるいは工夫した表記の仕方などの技術が必要で、学生さんには全然かないませんでした。

北の会の例会では毎回、言語聴覚士が来てグループセラピーがなされています。学生さんも随時参加させていただくことができ、私どもの心理の学生も一緒に活動することがあります。学生に「（参加して）どうですか」と聞くと、言語障害の勉強をしてから行っても、最初はどうやってコミュニケーションをとったらいいのかがわからず、非常に不安だったけれども、参加されている方がことばは出なくても思いを伝えようとする気迫がすごくて、いろいろ学ばせていただくところが大きいと言います。

社会復帰について言えば、実は身体障害よりも言語障害のほうが職場復帰率は低いのです。配置転換などで職場復帰できる方もいますが、今のこの経済不況の時代では、職を失う方が非常に多いのです。その後、どのように人生を転換するかというところで、最初は悪夢、地獄という状態が、人によっては何年も続く。その長い月日の中で、障害を負う前の自分と後の自分という、二つの人生を歩む覚悟を決め、人生の価値転換をされる方も多くいます。

絵を描かれたり、書道や写真など、ことばを失った後、それまでとは違う方面での感性が新たに研ぎ澄まされる様子に驚かされる患者さんにたくさん出会いました。素晴らしい写真を撮って、健常者のコンクールで優勝する方もいます。家族の協力で手記を発行した方もいます。

音声障害の事例

今までは失語症という障害についてお話ししましたが、もう一つ別の障害として、喉頭摘出による音声障害の事例を挙げたいと思います。音声障害の場合は失語症とは違ってことばを選び頭の中で文の形にして、ことばを並べることは問題なくできます。長い文章も、筆談で伝えることができます。しかし通常、声帯がある部分を喉頭がんの治療のために全部摘出しなければならないとき、命と引き替えに声を失うことが求められます。こうした喉頭摘出者の会としては、全国組織で「銀鈴会」という会がありますが、北海道には「北鈴会」という団体があります。患者さんが医療機関で手術を受けた病院で、この会の情報を得ることが多いようです。この会では、通常は声帯で出していたことばを、今度は食べ物の通り道である食道にあえて狭めを作り、音声を出す食道発声という、神業のようなことを練習したり、電気式発声器で話す練習をします。電気式発声器は、片手にもって首のところに当てればよいのですが、出る音はことばとしてのイントネーションが失われてしまいます。こうした発声練習が、札幌では毎週日曜日になされています。札幌以外でも、北海道各地に教室があります。

ある日、この教室を見学させていただいたのですが、とても静かな中で電気式発声器によるバイブレーションでイントネーションのない音声が鳴り響いていました。マンツーマンで指導するのは、先に発症した患者さんの先輩です。この方々は、これは医者にも専門家にもできない、自分たちにしかできないということで、食道発声や電気式発声器を用いた発声方法を受障してまもない患者さんたちに教えています。食道発声というのは、いわゆるげっぷのような空気の固まりで音を作るものです。難しい技術をわかりやすく的確に伝える方法や熱意には、じつにプロフェッショナルな世界を感じました。実際にこの喉頭摘出をされた方にお聞きしたところでは、手術をしたために気管口という穴が開いていて、普通は何かを当ててふさいでいる状態ですが、皮膚の空洞としてあるので、空気が漏れ、肺活量が少なくなるそうです。いつも富士山の頂上にいるような感じで、食道で声を出すことは、とても体力を消耗するのです。

ことばを伝える、心を伝える

次にことばを伝える、心を伝えるということを考えてみたいと思います。私は最初に勤めた病院では隣接した女子寮に入っていて、それは職場の中で生活しているようなものでした。病院は九時で消灯になりますが、消灯後の病棟の廊下に、大変重度の失語症で、一つひとつの音を出すにもハアハア息を切らせるような男性の患者さんがいました。ハアハア息を切らすというのは、呼吸困難のためではなく、言いたいことをことばにできない苦しさによるものなのです。公衆電話で受話器を持っていたので、いったいどうやって話すのだろうと、隠れてこっそり聞いていました。すると息を切らしながら、ぽつり、ぽつりと「あ、あ、い、い、し、て、る」とおっしゃっているのが聞こえました。私たちが普通にしゃべれる状態で「愛している」と言うのは照れくさくて、あえてことばにしにくいように思えるのですが、この方にとってはいっぱい伝えたいことばのうち、これだけはどうしても伝えたいという思いが、そうしたことばを出させるエネルギーになっていたのではないかと思います。

失語症友の会では、皆さんが言語の障害があり、ことばで伝えるのが苦手という方ばかりです。ある年の総会で、会長さんが千円の年会費を、会の運営が厳しいから二千円にしたいと提案しました。そのときに「はい」と手を挙げた方がいて、立ち上がったのだけれども、何もことばが出ない。「んー、んー」と苦しそうな様子でいながら、それでも伝えようとしばらく頑張っていたのですが、一歩一歩と足が前に出てきて、その中で結局、声にならないしぐさで、千円の会費を二千円にすることには賛成ということを伝えました。それを受けて周りの方々が拍手で同意します。ことばや音声に限らずとも、その人の存在、行動で訴える力のすごさを見せつけられたような気がしました。つい、音声、ことばというものにこだわりがちですが、ことばを使わない行動や表情、まなざし、そういうものでも、私たちは人に伝えることができるのだということです。

コミュニケーションは受け手と送り手の相互作用であることを考えると、聞き手がいかに想像力を駆使して相手の言いたいことを推測するかというところに、コミュニケーション成立の可否がかかっているような気がします。村瀬先生は『統合的心理臨床への招待』の中で、「感覚の鋭敏性を高め、観察眼

（能力）を磨き、直観を養う姿勢の重要性」を指摘されていますが、ことばの障害を負う人とコミュニケーションをとるときには、まさにこうしたところがきわめて重要であると思われます。

失語症のある方々とのコミュニケーション

失語症のある方々とコミュニケーションをとるときには、次のような工夫が有効であると言われています。まずアイコンタクトをつける。お互いに表情がしっかり見える形で、近くで話す。相手は伝えられないことで不安や焦りを感じているので、落ち着いた雰囲気を作る。それから、こちらが話しかけるときには、短い文、わかりやすい表現、はっきりした発音で。また過去のことや遠くのことを話すよりは、具体的な現実、今ここにある内容のほうがコミュニケーションは成立しやすい。また、相手がうまく言えなかったり、間違ったりしたときにも、それを否定しない。これは子どものことばの障害においてはとくに重要ですが、相手が「伝わった」という喜びを感じる瞬間を作るということで、否定しないということは重要です。あとは失語症の重症度によって、相手が首を横に振る、あるいはうなずくといった行動で返せるようなＹｅｓ－Ｎｏクェスチョンをしたり、二者択一で答えられるような質問をしたりする工夫も有効です。またメモや鉛筆を常に手元に置き、音声のほかに絵や図を描いたり、あるいは簡単な漢字単語などを添えてコミュニケーションをとると、伝わりやすいことがあります。

コミュニケーションの障害は、原因疾患や症状によって、暮らしへの影響もさまざまで、そのさまざまな言語障害ごとに固有な問題があります。そして、その言語障害に共通するのはコミュニケーションの困難で、これが人間の存在を脅かすということへの理解です。

私たちはことばを大切にしたいと常々考えていますが、ことばにとらわれすぎる危険性も念頭に置いておかなくてはいけないと思います。ＮＨＫテレビ、うつ病の自殺予防という番組に、ご自身の経験から自殺予防に精力的に取り組んでいる男性が出ていました。この方はうつ病で奥さんと離婚され、自殺未遂の末、気がついたら病院のベッドにいた。そのときに付き添っていたお母さんが、何も言わずただそばにいてくれた。何も言わないでくれてよかったとおっしゃっていました。これはことばのない、沈黙で救われたということです。また同じ方が元気になられた後、電車の中で座っていたときに、前に立つ老婦人に席を譲ったら、その方が本当に満面の笑顔で何度も「ありがとう」と繰り返し言う。そのことばに本当に救われた、本当に、本当に生きる喜びを感じたと、涙を流しながらおっしゃっていました。たくさんのことばは要らない。あるいはことばがない沈黙も癒しになるのだということを、この方のお話から伺い知ることができます。

村瀬先生は、北翔大学においでくださる度に毎回ご示唆あふれるご指導を下さいます。ある日のご講義の中で、「自由に好きなことを好きな方向へ向かうことが可能な生き方」と、ある条件、言語障害などの場合はコミュニケーションができない状況かと思いますが、「ある条件を受けとめて、限定される枠を模索し努力しつつ広げていく生き方」があるとおっしゃっています。後者の生き方を支えるのは、言語障害を持つ方々が周りの人に「ほどよく寄りかかること」を選択すること。支援に当たる者としては「安心して寄りかかることのできる援助者」を認識しなければならないところではないかと思いました。

それから、言語障害があるなしにかかわらず、支援者として努めたいことですが、「相手が伝えたいと欲することを、相手の生活に思いを馳せ、相手の視点にたって推測する」。これは本当に目指すべきところで、簡単にいつも実行できるわけではありませんが、こうしたところへの努力は絶やさず行う必要があるかと思います。また、「相手が伝えたくとも伝えられない思いを援助者が適切なことばで表現する」。こういうとき、相手は伝わったという大きな喜びを感じますし、さらにもっと伝えたいという、コミュニケーションの意欲が生じるでしょう。そして、信頼できる人とのつながり、より豊かな人間関係へとつないでいくことの糸口になるのではないかと思われます。

◆稲田——どうもありがとうございました。この後引き続き、村瀬先生との対談に移らせていただきます。

◆村瀬——実は風間先生は、もっとたくさんお話しになる内容をご用意くださったのですが、途中で割愛なさっています。そういうことも含めて、このことを付け加えたいとか、先にそれを伺ってからお話をしたいと思いますが、いかがでしょうか。

◆風間——国立身体障害者リハビリテーションセンター学院に学びに行ったときのことですが、石川憲彦先生の児童精神医学の授業の第一回目に、「あなたたちはとんでもないことをしようとしているのだよ」と言われました。それをはっきりとはおっしゃらず、「あなたたちは、障害をもった人に何をしようとしているの？」と。私たち学生は、たとえば聴覚障害をもった方が補聴器や人工内耳によって聴こえを回復したり、手話を学び、ことばの話せる方とコミュニケーションができるようになることは素晴らしい、あるいは、綿密に考案された治療プログラムによって、失語症の方が少しでも多く話せるようになることは素晴らしいと、そのような目標と価値観のもと、とにかく意欲満々でいたわけですが、「あなたたちは、とんでもないことをしようとしている」と疑問を投げかけるのです。

私たちは学生として、先生の言っていることはおかしいという調子で反発したんですよね。けれども後で考えてみると、私たちは「ことば」というところにあまりに狭く注意が向いていて、その人のありのままの存在を受け入れることを忘れていたように思います。そこを石川先生は、あのときにいろいろ暗示的な表現で、私たちに気付かせようとされていたのではないかと思いました。

現場では、勤めてまもない頃、失語症の患者さんでとても温厚な方が夢に出てきて、「おれはおまえが気に入らないから、しゃべってやらない」と怒っていたりして、こんな私だから話してくれないのかと落ちこんだりしました。

◆**村瀬**――今、風間先生がお話しくださったことは、非常に本質的で大事なことです。当たり前のように聞こえますけれども、ひょっとして私の誤解かもしれませんが、わが国の聴覚障害者にかかわる専門職を養成する教育課程というのは、ある時期までは非常に技術的なことを強調されていたのではないでしょうか。私の立場で、あまり大きな声で言うのは差し障りがありますが、そうですよね。

◆**風間**――はい、そうですね。

◆**村瀬**――発声訓練とか、先ほどさらっとおっしゃった、音をどう作るかとか、むしろ神業に近いようなことを、緻密なプログラムに沿っていかに本人に努力させるか。そのテクニックを学ぶことに主なウエイトが置かれたのは、いつごろまでだったのでしょうか。きょうの風間先生のお話を聴かれると、スピーチセラピストというのは非常に深い人間性に対する洞察とセンシティビティとを伴った上で、そういう訓練があるものだと。それは本来サービスを受ける人からすれば当たり前のことであって、しかもそれで十分ということは、本人からしたらなかなかあることではないのですが、ある時期までは非常にテクニカルでしたね。いつごろから変わったのでしょうか。

◆風間――もともと言語聴覚士の行うスピーチセラピーは、アメリカから理論や技法が輸入されたものです。そのときには昔の行動主義心理学を理論的に基盤として綿密なプログラムを組み立ててセラピーを行い、仮説を立て検証し、それがうまくいかなければ修正プログラムを立て再アプローチするもので、かなり綿密さを追うものでした。

◆村瀬――そうですね。私は大正大学のほかにいろいろな大学や研修所で講義をしましたが、心理学の専攻ではなく、正規の聴講が認められないような条件の方も、こっそり聴講されていました。違う領域の方のレポートを読むと、本当に緻密に考え、人間性に対して深い洞察を持っている、できる人だなと思うことがあります。授業が終わってから話しかけてこられる方の中に、言語学科でスピーチセラピストを目指しているとか、あるいはそれについて博士論文を書いているという方がいました。お話ししてみると、とてもぴったりくるところがあるのですが、こういうアプローチは今は認められていないということでした。自分の学科ではもっと技術的なことをやると言われているけれども、自分が実習で患者さんに接してみるとそれは何か違う。宗教や哲学といっても、自分の中ではうまくつながっていかない。そのときに臨床心理の講義を聴きに来て、こういうことを一方で考えながら、自分が技術というものをどのように構築していくか、自分の方向性がようやく決まってきているのだけれども、これは自分の修論指導をしていらっしゃる先生には内緒ですと、私が愕然とするようなお話を聞きました。その方は地方の国立大学の博士課程に行かれて、今は大成されていらっしゃいますが、そういう方に何人かお会いしました。

風間先生はさらっと非常に控え目に、自分がいちばん最初のころ、患者さんの気持ちや状況に思い至らないで、いかにしてことばを再獲得させるかということを中心に置いていたことを反省するとおっしゃいました。この当たり前のことを、このように受け止めておっしゃれるようになったのは、実はすごいことなのです。私が解説するのも変ですが、この不思議なことは過去一〇年ぐらい前のことでしょうか。ですから私は昨日、風間先生にこのレジュメを見せていただいて、私は当事者ではありませんが、ことばに対して障害を持っていらっしゃる人たちは、こういう方に本当に会いたいと思っておられるのだろう。今でも私が訓練の場などを見ていると、必ずしもそうではないと思うことがあります。それは正しい方法ではあるけれども、ことばというのはその人の生き方、生活、いろいろなものが凝縮されているもので、決して技術だけに置き換えて考えられるものではないのですね。

そういう意味で今日はトータルなことばについてのお話を伺ったので、私が余計なことを言わないで、家に帰って自問自答がよいと申し上げたのです。でも今申し上げたようなことで、そういう理解というものは決して機械的なアプローチでは十分ではないということは、だいたい広く了解されているところとなったわけですね。

◆**風間**——はい。たとえば失語症のセラピーでも、略語でＰＡＣＥと表現される治療法があります。これはことば、音声には限らない、ジェスチャーでも表情でも、意図が伝われば、それでオーケーとみなして、セラピストと患者さんとが、セラピスト役と患者役の役割交代しながら問題を出し合い、意図を推測し合うという治療法です。

子どもの場合は、ことばに限らずというところが特に重要と思われますが、やはり音声、言語に限らず、伝わる喜びを感じさせるところを重視するアメリカ生まれのセラピーの方法があります。

◆村瀬――ですから、スピーチセラピーというと非常に技術的なことのように考えられてきましたが、これを考えていくことは、実は人間をどう考えるかとか、何か哲学に至るような気がします。世の中は多数の人に合わせることが疑いなく当然と考えられていて、障害を持っている人は、健常者に少しでも近くあることができるように、ことばを失ったら必死の努力でそれをいかに少しでも回復するか、あるいは代わりの方法を身に付けるか、それは当然だとされています。けれども、本当は逆に、ことばがいっぱい話せる人が、目の前にいる人と同じ状態になったところで、その人とやり取りができるかどうかという発想を、多くの人が自分の常識の一部に持つような社会になったら、もう少し当事者の気持ちが楽になると思います。これは血のにじむような努力をしても、ある健康な状態には、そのままではなり得ない。終わりのない努力をずっと続けなければならない。それを相手に課していて、健康な私たちは「わかりにくいですね、どういうことでしょう?」と言いながら、それを当然のこととして相手に問い直す。そのアンイーブンな状況は、伝わらないこともありますが、人として対等とか共有性がないこと、それが深い孤独や失望に至るのではないかと思いますが、いかがでしょうか。

◆風間――患者さんの会でも、病院でリハビリテーションを受けているけれども、一生懸命言おうとしても伝わらない、そうすると治療の中で「あっ、いいですよ」と軽くいなされてしまうときがある。それはものすごいショックで、そういうことはしてほしくない、つらかったという声を聞いたこともあります。伝えられないところを軽くあしらわれることが、セラピーの場面で今でもあり得るということは、危惧すべきことであると思います。

◆**村瀬**——きょうのお話を伺っていて大事なことは、健康な人間が自分が今持っている想像力をあと一節か二節伸ばす、世の中の人がその人の器の一割か二割増しだけでも、想像力が豊かで正確になったら、こういう方たちがだいぶ楽になるのではないかと思います。たとえば今の「あっ、いいですよ」というのも、ほとんど想像力を働かさないことですね。その辺を先生は、どうお考えですか。

◆**風間**——本当に物を見聞きし、読んだりする中で、自分は結構努力しているつもりでも、全然想像力が足りないというところを、私自身日々実感しています。実際に自分の身に起こっていないことを想像することは難しいですから、やはり努力し続けて、あるいはかかわり続けていくことですね。患者さんの会でも、私自身が何か指導的なことをしているわけでもなく、ただ参加させていただくぐらいなのです。でも、一緒に同じ場所にいさせていただくことで、少しずつ、ゆっくりではありますが、理解の領域も想像の幅も広がっていくような気がします。若い学生さんですと、もっと柔軟な気持ちで変化していくのが、目に見えます。

◆**村瀬**——若い人に希望がおありですか。

◆**風間**——あります。

◆**村瀬**——それを伺い、たいへん希望が湧いてきました。

◆**風間**——実際に今年度一緒に患者会に参加した学生さんの中に、ご自身の性格上、コミュニケーションが苦手なのがつらいと訴えていた方がいましたが、会の中では固まってはいるけれども心の中でキャッチしているところがいっぱいありました。気持ちの柔軟性をもって体験しているところは、見ていてものすごく感じられました。

◆村瀬――そういう人は、むしろ自分の今の力のほどを、自分は器としてわかり方がこれぐらいだということを素直に認めている。足らないところを認めながら、自分の器に一生懸命合わせて、「ああ、わかりました、おしまい」というふうにしない。その姿勢が、相手に自分のことばが伝わりにくくてもオーケーなのだという、安心感になるのではないでしょうか。

先ほどの、病院で何かを聞いていたのに「いいですよ」と言う方は、自分を全き者としてよくわかり、よくできる、自分は相手に何かしてあげる、当然そういう立場である。自分の器のことや努力のこと、それに対する振り返りなどが何もないですね。けれども、学生さんというのは、きょうの自分の器のほどはこれぐらいだというところで向かうのです。それは心理療法ではありませんが、人は記号としてのことばが十分に使えなくなると、その人独自のものすごく敏感な、総合的な判断力というものが病前よりも働くようになるのではないかと思いますがいかがでしょうか。

◆風間――おっしゃるとおりのような気がします。

◆村瀬――しかも失語症は、外から見ると実はその人の中にそれがうまく単語として文章として形成できない。しかし、それ以前の素材としての感情や、しっかりした文脈としては形成できないけれども何か思いが、いっぱいあるわけですね。ですから、決して全体能力が萎縮して何も感じないとか、何か思いが湧いてこないわけでないので、ある種の観察というものがされているとお思いになりませんか。

◆風間――それは現場にいたときに、思い当たることがたくさんあります。

古い話なのでお話ししてもよいかと思いますが、大学の研究者として有能で外国の大学へ海外研修に出るという方が、その前日に脳血管障害で失語症になられ、ことばが出ない状態になりました。奥様が御主人を慰めることばがみつからないときに、その方は「のんびり行こうよ」とか「焦らないで行こうよ」と、逆に奥様を慰める。奥様によれば、実は病前はアグレッシブで向上心が高く、いつも猛烈に頑張っていた。病後、心がすごく穏やかになられた。私がお会いしたのは発症の直後ではなく、数年は経っていたときでしたが、奥様が「主人が嘘偽りの作り話や慰めごとを言っているわけではなく、『僕は今のほうが幸せだ』と私に言うのです」とおっしゃるのを聞いたことがありました。

病気や障害によって、かつてできていたことの多くができなくなってしまった、そのことを乗り越えて価値あるものを見出す目線をもつ方々にお会いして尊敬というか、敬服する思いを感じたことがありました。

◆**村瀬**――きょうお話しくださったのは、失語症の人の機能の変化や、それに伴いこちらではどういう注意が要るか、言語に対して援助をするという技術的な領域のこと。プラスもう一つ、私たちは人が障害を負われ、それ以前の健康であったときに比べていろいろなものがまったく一変したかに見えるときには、そこでその人が止まって機能的にも前よりも縮小したと通常は考えられているけれども、周りがそのことを大切に受け止めていこうという姿勢が大切である。人はそのような状態になっても実は内面的には変容し得るということを、今おっしゃろうとしたのだと思いますが。

◆**風間**――はい。

◆**村瀬**――ところが、有能なうちの主人がこんなになってしまった、あとは体の健康に留意し音楽でも聴きましょうかというふうに考えてしまえば簡単ですが、実はおっしゃったその数年というのは修羅場だったと思います。でも、その方が十二分なことばではない中で、ある感覚をふつふつとさせながら、先ほどおっしゃったようなところに思い至られた。それはやはりレセプター、受け手の奥様があるから、そのようになられたのかと思いますね。

それは先ほどのお話にあったように、うつ病で家族を失い自殺未遂を起こし、もう一度生きていることに気がついた人が、電車の中で「ありがとう」と言われたことで救われた、そのように人間が生きていく上で、実は価値の尺度は多軸でたくさんある。普通私たちは、早く、たくさん、上手にと、この三つが主ですが、本当は生きていく上で、もっといろいろな意味を考える価値の尺度がある。それに障害を持たれた方がゆっくり取り組まれることを信じて待つような気持ちが、周りの健康な人間には期待されるのでしょうか。

◆**風間**――私は待つということが苦手でせっかちな人間なのですが、待つということは、その人の潜在的な力を引き出す上では本当に重要です。そして、その力を信じることは、本当に大切だと思います。

◆**村瀬**――今日先生のお話を伺いながら、障害を負われた後の、その方なりの生き方、意味を見出されていかれた、いろいろな人の例を思い返していました。どなたも障害そのものを悪い夢であると思い、本当はひょっとして、自分ではあるけれども自分のことではないように思ったりしている。あるいは自分の場合は、劇的に何かの方法が回復をもたらすかもしれないと思われる時期があるのではないかと、お話を思い起こしながら伺っていました。ある方はもうこれくらいのところでいいかなと思う。今、多軸ということを申しましたが、私はそれはそれで、何も頑張るばかりが最良の軸とは思いません。いろいろなやり方があるので、ぷっつりと違った生き方で、ここでいいと思うものがあれば、それでもいい。

お名前を忘れましたが、韓国におそらく不世出のテノール歌手になるだろうという方がいました。喉頭がんで声を失われ、再び歌うことは無理だと言われたのですが、声帯以外の部分を使うことや、全身を鍛えたり、たいへんな努力をされた。もちろんオペラのアリアを歌うところまではまだ回復されていませんが、自分はもっと歌えるようになるはずだと思いながら、教会で賛美歌のリサイタルをされたのです。でも、やはり無理でその曲目を全部一人で歌いきるには、途中で体力がなくなってしまった。先ほどのお話にあったように、本来の声帯ではないところから音を出すというのは、異様な労働なのだそうですね。

◆**風間**――はい。

◆**村瀬**――それで途中で歌えなくなったところ、聴衆が歌って、そのリサイタルは、歌い手のその方も聴衆も、精神的な意味でものすごく満たされた素敵な演奏会になった。そのテノール歌手は、この調子でゆっくり自分なりにいろいろ工夫してリハビリをしていくと、たぶんもう少し歌えるはずだ、そして病前の輝くような美声はもちろん自分の声だったけれども、今の声が本当の自分の声かもしれないと言っています。

すべての方がそうなるわけではないし、そうすべきだと思うと、一律に申すことではないでしょう。しかし、逆に言うと、それは人生の大きな節目であり、節目をどう受け止められるかということは、その方の主体性を周りの人間がおせっかいではないけれどもお手伝いを、焦らずにゆっくりとできればいいと、きょうのお話を聴いて思うのです。

◆**風間**――私などが考え及ばなかったところを、先生に教えていただけたと思います。ありがとうございます。

◆**村瀬**――冒頭のお話で、石川憲彦先生が君たちはとんでもないことをしようと思っているとおっしゃったのは、言語障害や聴覚障害の方にかかわろうというのは、ここで治療技法をちょっと勉強しようということでは不十分、もっと覚悟が要るということでしょう。

　私などはちゃらんぽらんでだめなのですが、風間先生は、考えられないくらいの努力をされるでしょう。

◆**風間**――いえ、いえ。私はのみこみが遅いので、もう頑張るしかないという感じです。

◆**村瀬**――やはり石川先生は児童精神科医でも別格の方ですね。非常にリベラルな方ですね。ですから、過緊張気味ぐらいの努力しようというのをほどいて、一生懸命努力しても世の中には何か儚さがあるということを、若いうちにみんなが知ったら、素質を十二分に発揮するスピーチセラピストになると思われたのでしょう。

◆**風間**――石川先生のおっしゃったことは、こういう意味であったのかと、あのときから一〇年以上経ってから一つ気づき、今の先生のおことばで、また新たに気づかされました。

◆**村瀬**――石川先生は、超進歩的な、少し過激ぐらいなご発言をなさいましたが、その裏ではものすごくデリケートな方だと思いました。

　実はこういうことがありました。私が、たくさんのクライアントに会い、ほかにも仕事がという忙しい時期がありました。状態がある程度落ち着いている自閉症の小学生の男の子がいて、その子は私の顔をちょっと見るだけで安心な様子があったので、「○○くん、来たの。散髪してさっぱりした感じ！」と言って手短に近況を確かめ、「さよなら」と言って帰しました。こうして一日の中にぎゅうぎゅうに詰まったスケジュールを何とかこなしていると思っていたら、その子なりに自分がそのように対応されていることに、感づいたのですね。私が人によって時間の配分を考え、会い方を違えている理由を適切に話せなかった……。彼は納得がいかない。この納得がいかない気持ちでは家に帰れないと思って、大学の女子トイレに入ったのですね。夜の一〇時半ごろ、用務員の方が見回ったら、中であいう子どもさんの独特の奇声がしていたので、すごくびっくりして、なぜそうなったかと聞いたら、私が短い面接しかしていないというのが理由だった。

それまで私は、論文やご本では石川先生を存じ上げていただけでしたが、「一人ひとりの子どもに頑張って、長く丁寧に会ってあげるように」と突然電話をいただいたことがあります。

◆**風間**——お叱りの電話があったのですね。

◆**村瀬**——はい、突然。ですから、そういうことの上にある、先ほどのおことばなので、だから説得力もある。決してただ荒っぽく、君たちは思い上がっているよと、ただそれだけの方ではないという意味です。

今日の話は突き詰めていくと、失語症の人やことばに対するトラブルを持っている人というレベルにとどまって考えるよりも、私たち人間はことばを使って生きている存在ですから、人に対するときに何が大事かということを、先生に教えていただいたように思いますね。いろいろなことに、そのまま通じると思いますね。

◆**風間**——自分はここで書いたほどには実行できていませんし、これは、目指したいと願う果てしなく目標値であります。意味のあることばをきちっと考えてからことばに出そうと、学生さんの前でも思うのですが、ついついくどくどと同じことを繰り返し、しゃべりすぎることが多いのです。

◆**村瀬**――失語症をもつ人々とコミュニケーションをとるときに工夫すべきことというのは、実はほかのときでも通底することですね。そして、このことを心がけていると、自分が話そうとしていること、それから自分の考えていること感じていることが、何に基づき、どれぐらい自分のものとして確かになっているのかということを、実は問うことになるのではありませんか。そして、それがどれくらいの質のものかということも、逆にこれを実行するためには問われるのですね。自分の考えや感情が、自分自身の中で吟味して定かなものになっていないときに、話に出したり、人に伝えることがあります。そのときに人から助けを得て、人の応答も交えて、それを確かにしようと話し出すと、話が「そして」「でも」「それで」というように「、」や「。」のないような話になるのです。簡潔に、わかりやすく、しかし的確に、かえ難い意味を伝えるということは、実はそうした自分に対する問いをきちんとしていることが必要であると思います。

ですから、これを伺ったときに、これは普段の私たちの生活でも、人と人とが一緒に暮らす上でのコミュニケーションの、実は要諦だと思ったのですが、間違っているでしょうか。

◆**風間**――いえ、改めてそのように自分も考えます。失語症に限らず、意思が通じにくい人にも言えることだろうと思います。

◆**村瀬**――そうですか。私は、手話は片言ぐらい、幼稚な、簡単なことしかできなくて、自分の考えをそのまま表現することはできないのですが、今も応援している聴覚に障害のあるお年寄りに、認知症が始まっていたり、中にはうつ状態の方もいらっしゃいます。その方は小さいときに、本当に血のにじむような努力をして、聞こえないのに人の口を見て、口の動きで理解するように、それから自分の作っている音は聞こえないのに、音を出して話す練習というのを、ろう学校でなさいました。それで作られる音声というのは、中にはかなり上手な方もいらっしゃいますが、ものすごく聞きにくいものです。

私よりも年を召していて、いろいろと不本意な人生を送ってこられ、家族との行き来もない方がいる。聞きとりにくいことばなのだけれども、話されることばをわからなかったらいけないと思っても、たぶん正確に見積もれば六二～六三％ぐらいしか聞き取れない、普通のやり取りとしては非常に低いものです。けれども、その方の唇を見ていると、音はわからないながらも、この人が何を言いたいのかがわかるようになりました。その方は平仮名は読めるので、私が言いたいことは平仮名でお返事することで、やり取りは一応できるようにはなりました。

これをすると、相当エネルギーを使い、帰りの電車ではボロぞうきんのようになって、終点に着いても、私一人が寝ていたりするのです。ということは、逆に言うとことばがわかるということは、なくした方にとっては命がけのことである。しかも今日できていることを、そのまま保持できるというよりは、あれはいろいろな意味で、すごい努力で維持されているものだと思います。

◆**風間**——先生は、聴覚障害の方の口もとをご覧になりながら、何を伝えようとしているのか理解されようとしました。聴覚障害の方は読話訓練ということで、口の形で相手の意図を理解しようとするのですが、まさにそのわずかなかかわりの中からも先生がマスターされたということ自体もすごいですけれども、それには大変な集中力が必要です。

◆村瀬――でも、その人のしか、わからないのです。私には一人ひとり独特のように思えるし、全然わからない方もいます。形を見ているつもりですが、その人の着物や部屋の片付け方、壁に貼ってある家族のご様子の見える写真とか、そんなものをフルに使って想像しながら、唇の単語はこうではないかと想像するのです。今申したものが何もなくて、唇だけを見ていたら、理解力はたぶん一〇％ぐらいになるのではないかと思いますね。

◆風間――その方の暮らしにあるものをご覧になりながらという視点が、とくに言語聴覚障害の専門職ですと見落としがちなところです。今、先生のお話を聴いていて、周りをよく見渡すことでいろいろな情報をキャッチして意思疎通ができるようになるのだと、むしろ気づかされました。

◆村瀬――私はそのよき強迫性がなくて、最低限の努力で周りの人に甘えて教えてもらいながらやろうと、子どものときから勉強好きなお友達にノートを見せてもらったり、周りを活用する癖があったのです。それで、この人の唇だけ見ていたのではいつまでもわからない、帰るときにちょっとでもいいからわからなければと思うときに、活用できるものは何だろうかと見ると、壁に貼ってあるおうちの庭の風情や家族の方のお洋服から、山の手だな、○○の住宅街だろうと想像するわけです。

最後に先生がおっしゃった「対象者の言語障害の有無にかかわらず支援者として努めたいこと」ですが、これは大人と子どもの間の関係でもそうではありませんか。

◆風間――そうですね。とくにこれからコミュニケーション能力が発達していく子どもにとっては大事だと思いました。

◆村瀬――ことに思いが伝わったという感動を味わうことで、人は拙い表現であっても、思い切ってもう少し話してみようとか、ことばでなくても、相手にアプローチしようと思うわけです。これは外国語を会得していくときも、そうではないでしょうか。ですから、ときとしてスピーチセラピーというのは非常に何か特化された、専門技術と考えられるような気配がありますが、実はこのことはとても普遍的な、大切なことを私たちに教えてくれているのではないかと、今日のお話を伺って思いました。

それでは、先生からこういうご経験をもとに、一般市民として私たちがこういう気持ちでいたら、こういう障害を持っている人はもっと生きやすくなるのではないかと、当事者に代わって何かメッセージをいただいて、今日の対談を終わらせていただこうかと思いますが、いかがでしょうか。

◆**風間**――成人の言語障害の場合は、それまでの人生がいったん振り出しに戻るというか、また別の道を歩まざるを得ないところがあり、なおかつその障害について社会がわかっていない。こういう言語障害があり、こういう困りごとがあるということは、意外と知らない人が多い。当事者の方々には、まず知ってほしい、みんなにわかってほしいという思いがあります。ですから、言語障害についての専門家でなくても関心を持ち、そして何かにつけて知識を得たり、あるいはことばが通じない状況はどういうことになるのだろうかと、ふだんのごく小さな出来事の中でも意識して、気に留めて想像していただくことを試みていただきたいと思います。

たとえば歯医者さんで歯を抜くのに、いっぱい麻酔を打たれ、お口の周辺が麻痺したりすると、よだれがいつの間にか出たり、自分の発音がおかしい感じがするとか、それだけでもすごく不愉快な気持ちになります。聴こえない状況についても、たとえば耳栓をして、たったの一五分過ごすだけでも、ものすごく不安になる。大事な情報が入らないことの不安よりも、人とつながらないことへの不安という、恐怖感にも似たような思いがあったりします。ふだん何気なく暮らしていると、あまりにも無意識に話せたり、聴けたりしていて、意識が及ばないのですが、通常に暮らしている方々にも、そうしたところを意識して、想像していただきたいと思います。

◆村瀬――本当に貴重なお話を、どうもありがとうございました。

◆稲田――今日は言語障害がテーマになってはいるのですが、ことばはわれわれも対人援助とか、コミュニケーションのツールとして使っているわけですね。そうした部分で非常に考えさせられるというか、気づきが深まったという感じが、私たちもしています。

先生方、本当にありがとうございました。

参考文献

村瀬嘉代子『統合的心理臨床への招待』ミネルヴァ書房、二〇〇七．

Kleinman, A.: The Illness Narratives: Suffering, Healing and the Human Condition. Basic Books, 1988.（江口重幸・五木田紳・上野豪志訳『病いの語り――慢性の病いをめぐる臨床人類学』誠信書房、一九九六）

生活を営むことに苦労している子どもと親と関係者との支え合いの経験から

北海道大学
田中　康雄

私は、一九八三年の冬に北海道に来て、それから間は抜けるのですが、医療を中心に仕事をしております。私がそこから学んだことを中心に四つほどお伝えして、「私は何を学んだのか」ということをお話ししたいと思います。

これは二〇年以上前に勤めていた病院での話です。そのクライアントは両親それぞれが障害を抱えているということで通院をされておりまして、その当時私はそのご夫婦の主治医でもあり、小さな町の小さな病院ですので一抱えで担当しておりました。その後そのご家族の一人が軽い知的障害とてんかんという発作を起こす病気を持っていたものですから、その治療を引き受けておりました。するとある日、その男の子が傷を負って外来に来られました。私はその当時虐待という発想とか、家族からの暴力というようなことはあまりピンと来なかったので、ただの素人のように「その傷はどうしたんだ？」と尋ねると、「親にたたかれたんだ」と言うのです。もう単純に冷静さを欠いて両親を責め非常にとがめまして、その後福祉事務所に連絡をして、その子を保護したというエピソードがありました。

親をとがめてしまう

結局その子は身の安全のために当時の施設に移りましたが、私は両親が許せなくて、援助というよりもこの子を救助する気持ちで、とても自己満足に浸っていました。親をとがめたときも、かなり私は興奮していたようで、隣の部屋にいた上司に「おまえの怒鳴り声しか聞こえなかった」と言われて、みっともないことをしたものだと思うのですが……。いろいろ前後して聞いてみると、その家族の複雑な状況の中に、今で言うところの虐待状況が浮き彫りになってきました。そうすると何かともかく許せないという単純な私の一過性の怒りみたいなもので、尋ね、とがめ、責めてしまい、はたしてよかったのだろうかと、もう二〇年以上経った今でも考えます。その後、彼はそれなりの生活を重ねていきまして、紆余曲折はあるのでしょうが、その当時かかわってくれた福祉関係の方からも、その後の経過を一喜一憂しながら教えていただいていました。

また別の方のお話ですが、私が大人の精神科で働いていた当時、主治医として担当していた方の娘さんが不登校になったという例です。当時としては珍しくお父さんが外来に何度か足を運び、その方、奥さんの薬を取りに来ていたのですが、その中で、実は娘さんが最近ちょっと学校に行ってくれないという話を聞きました。当時、不登校というのが都市部を中心に少し名前が出てきて、その付近では不登校のための適応教室みたいなものを試験的に始めたぐらいの時代でした。私がいたのはもっと田舎でしたので、対策も何もない状況で、そのお父さんがお母さんの体調も娘さんの状況も心配し、児童相談所にまず相談に行かれた。そして私も小学校に足を運ぶという状況になりました。

お母さんの主治医とはいっても、当時はあまり患者さんが外来に来ずに、お薬だけをお渡しするような流れもあったものですから、このお母さんと私もあまりお会いすることはなく、本当に失礼な対応をしていたと思います。でも一応かたちの面では主治医でもありますので、お母さんの状況も鑑みながら、この娘さんの対応を考えましょうということで私は学校に呼ばれました。もう二〇年近く前です。病院から車で二〇～三〇分の小学校の校長室、そこで児童相談所の職員さんと校長と教頭と担任とお父さんとで、このあとの検討をしようということになりました。娘さんには私は一度もお会いすることなく状況だけを教えていただきながら、議論をしていたのです。いろいろなことを話した記憶はあるのですけれども、途中で校長先生が店屋物の親子丼を取ってくれたのです。みんなでフウフウ言いながら、親子丼を食べながら親子の話をしていたこと、とてもおいしかったのを覚えています。

何かを食べたせいもあったのか、だんだん親密な話になるといいましょうか、少し距離を置いて「いやいや」と言っていた部分が「本当にどうしよう」という話になった。結局この娘さんはどうしたいのだろうという話をしていたら、そこから離れたところにおばあちゃんが住んでいて、そのおばあちゃんの家から坂を上がったところに学校があって、その小学校に行きたいということを希望しているのです、とお父さんがおっしゃる。実はお母さんの病気のことが、小さな町なので子ども同士のうわさになり、この娘さんがからかわれてつらくなった。娘さんはご飯の支度などもしてくれて、すごくまじめに健気にお母さんを守り、お父さんにも愚痴もこぼさずに、優等生の女の子として生活をしていたのです。親子丼を食べながら、この子がおばあちゃんの家に行って、長い坂を上がって学校に行く姿を想像していました。今住んでいるのは学校の周りに家がポツポツとあるような本当に小さなところで、いろいろな話が広がったり揶揄されたりして彼女の耳に入っていく。しかし、そのことで母を責めることも父を責めることもできないでいるのだろうなと考えていたら、私は無責任にも、「転校していいのではないだろうか」ということを申してしまったのです。議論はあったのですけれども、お父さんが決断し、週明けから引っ越しをし、小学校に通うという展開になりました。そういう状況ですので、私も娘さんのことをその後尋ねることもなく、淡々と仕事が続くのです。

発達障害児への援助

その当時児童相談所の職員だった方と、別な町の児童相談所で再会して、虐待や発達障害の話をするような仲になりました。ある時その方が「田中さん、昔無責任にも転校に賛同した女の子のことを覚えているかい?」と言い出しました。学校に行きにくい子どもが、転校をしたら行けるということを鵜呑みにして転校をしても、行った先でまた苦労をすることのほうが多いのではないかという話もあるので、安易に「いいよ」とは言わないようになっていて、もう少しカウンセリングをしてその子のつらいところを聞いて、解決してというように言うのかなと思ったら、会ったこともないのに、よくもまあ、あんなことを言ったものだという話になりました。「いや、本当に若気の至りとでもいいましょうか」と言うと、実はその女の子が、ちゃんと学校を卒業して大学まで進み、福祉の仕事をしたいということで児童相談所に実習に来たというのです。「ああ、あの時の子だね」「ああ、そうですね」と、とても懐かしかった。今は大学で福祉を学んでいるのだと聞かされました。

私はすっかり忘れているのですけれども、その時に、転校というのはただの逃げ口上だよねとか、ここで逃げてもお母さんのことはずっと変わらないわけだから、グッと耐えて頑張っていくのも手だよとか、一度折れると次も折れるよとか、いろいろな話が実はあったようで、私があまり考えもなく「でも、この子のことを信じてみましょうや」みたいなことを口が滑って言ったようなのです。その時に「その人のことをみんなで議論するのではなくて、その人のことを信じるということがあってもいいんだね」となったと、私は覚えていないのだけれども、その児童相談所の職員の方は話してくれました。

その時信じていたかどうかは私も自信はないのですけれども、それからずいぶんと経ってその子が児童相談所に来たときに、こんなふうにブランクがあっても再会できて、また元気な顔を見られることがあるんだねと言って、これはもうぜひ田中さんに伝えなければいけないなと思っていたんだと言うのです。しかし、悲しいことに私はその女の子のことを小学校時代はおろか、成長して児童相談所に来たときの姿も見たことがないので、何となくキツネに化かされているような話になるのですけれども、そういうエピソードがありました。

それから一〇年ぐらい前の話になります。これはもう少し関係者の方と手を携えることができるようになってからのことです。あるお子さんが中学に進むということで、お母さんがまず最初に単独で、中学の対策を一緒に考えてほしいと相談に来られました。お子さんはちょっと発達に心配なところがあり、小学校でことばの教室にも行っていて何とか頑張っているのだが、中学は小学校とは違うので、どういうふうに説明をしてわかってもらえばいいかということを、本当にごくさらっと話しました。

その後子どもと会いましたが、とりあえず、これまでの育ちの状況や今の力の一部をある程度わかるような検査などもした上で、学校に伝えるということで、進めていきました。一二月、一月ぐらいだったでしょうか、そういう検査や面接を繰り返して、医学的にはおそらく自閉症とて、軽い知的な障害があると診断していいのだろうと思ったのです。でもその前の面接の中で、お母様が自閉症ということばにはどうも首を縦に振れないという思いがあったようでした。実は「小さいときの検診でそうではないかと言われていて、『何を言っているんだ』と私は思っていたのですよ」と。それ以来、自閉症の「自」の字も出さないで、ことばの部分がとか、ちょっと不器用なところがとか、少し発達に気がかりなところがと、ことばで濁した表現をしていたので、たぶん今ここでそういう話をするのはタイミングとして適切ではないのだろうと思い、いろいろ心配な面もあるし、小学校の成果も含めて中学校に説明しましょうよという話をしていきました。

その中学には、たまたま情報交換をする機会が増えていた養護教諭がいました。学校が始まる前に準備を整えてもらい、お母さんもずいぶん心配されていて入学式も不安なようなので、配慮をお願いできないかと相談すると、すぐに校長、教頭を説き伏せて外来に来てくださいました。こういう傾向があるので、もしかすると入学式の段階で大勢のお子さんを前に困惑したり、落ち着きを欠いてしまったりというようなことがあるかもしれないし、最初に嫌な場面を周りに見せてしまって本人が落ち込まないようにと、綿密に相談をして、ではその時には誰が声をかけて体育館の少し脇で休ませていただいてとか、それまでに何回か本人に会っておこうかと、いろいろ画策をして、お母さんを前にこんなふうにしてやっていきましょうという話をしました。検査の部分では、学習態度やことばのやり取りなどもある程度できるお子さんですけれども、これまでゆっくりと積み上げてきた子ですし、人間関係の面での緊張のしやすさだとか、ちょっとした雰囲気におびえるようなところがあるやも知れませんね、などと話をして、対応についてお願いしましょうということでした。

最初はその養護教諭が来られて、スタートしてからは、担任になった美術の先生と養護教諭と私とお母さんとで、月に一回、当時の外来が終了する頃ですから夜の八時とか九時ぐらいに来ていただいて、一時間とか二時間とか最近の様子みたいなことを情報交換するようなことが定例化していきました。

入学式は予想以上に頑張ってくれまして、たくさん予定を立てた計画は一つも実行せずに済みました。四月の終わり頃にも「不思議と順調なのです」ということで、予測する力が弱いものですから「よかったね」と喜んでいたのですが、五月の連休明けぐらいから息切れが始まって登校を渋るような状況になり、慌てて五月に相談をしました。

「ちょっとまじめに振る舞いすぎているので、ガス欠なんじゃないの?」と言うと、お母さんも「たぶんそうです。この子はスタートダッシュはいいのですけれども、持続しにくいのです」とか、「頑張りすぎてヘロヘロなのです」と言い、「休んだらと私が言うと、何かプライドなのでしょうか、絶対に休まないと言って、吐きながらでも這ってでも、でもずっと行くのです」ということでした。

その次は、どうやって休ませるかという対策ですが、下手に「休んでいいよ」と言うとずっと休んでしまうかもしれないから、担任の先生や養護教諭やお母さんと相談をして、ここはドクターストップということでやりませんかとなり、重々しく「私の判断により一週間登校を禁止する」という診断書を彼に書いたのです。悪いけれども私はこう思っているんだということを突き付けて、「お母さんは『いや、行きたいのに』と言ってくださいね」などと口裏を合わせ、そして「お母さんの気持ちもわかるし、君の気持ちもわかるけれども、ここは医者として行かすわけにはいかない」と毅然と言い放って、「一週間絶対休め、一日たりとも行ってはいかん」と釘を刺すことにしました。「お母さん、行きたいと言ってもだめだと、つらいでしょうけれども言ってください」というように相談したのです。一週間後に来て、その禁を解くかどうか考えるからということにしました。結果的には「田中のせいでおれは休んでいるんだ」というようなことを言いながら一週間のんびりと休んで、次の月曜日には「もう今日からでも行けるのに」と言いましたので、「よくゆっくり休んだね。ではしょうがないから登校していいことにしてあげるよ」という恩着せがましい言い方をして、登校再開という診断書を書きました。

そうやってのんびり休んだり、行ったり来たり、その間にも養護教諭の方が自宅を訪問してくださったり学校の様子なども報告してくださったり、今にして思えばあの小さな町だからこそできた手厚いサポートでした。そんなことが積み重なってくると、お休みしてもいいカードを作ったりなど、いろいろと工夫をして無理のないようにしていきました。そうするとお母さんの気持ちも、当初は診断にこだわらず普通の学級の中で何とかやり繰りをと思っていたのが、「この子にはこの子のペースがありますよね」となり、徐々にお母さんのほうから「ゆっくりと学ぶ教室のほうに移動させることはできるでしょうか」というように変化していきました。そうして、二年になって特別支援の教室に移りました。

移るにあたって、ずっとうやむやにしていた彼の医学的な判断も、どこかでちゃんと言っておかないと、高校に行くときにまた同じようなにゴタゴタしてしまうかなと思いましたので、「お母さん、ちょっと重大な話があるのですが。私は一年のときに検査をさせていただいて、それなりに診断名が発想の中にあり、一年ぐらい見たので、今だったら自信を持って診断としてお伝えすることができるかもしれません」と話し出しました。恐る恐る「自閉症と軽度の知的な障害なのです。私はそういう診断をしても、もうそろそろいいかなと思いまして」と、ずいぶんおどおどとした表情で話したのですけれど、お母さんは一言の元に「ええ、知っていました母が」と切り捨て、「ああ、そうですよね。だから相談していたのですものね」となりました。実はいちばんよくわかっておいでなのだなと思い、二学年がスタートしたのです。

二年生になってからは、これもまた運みたいなことなのですけれども、その教室に年配のどちらかというと根性で頑張ろうという先生がおられたのですが、その方が辞められた後にたまたまそうした障害についてよく知らない、体育会系の自ら走ってばかりいた若い先生が配置されたのです。最初お会いしたときにも坊主頭でスパイクを肩にかけてくるような方で、先生なのか大学院生なのかわからない、体育大好きということがにじみ出ているような若い先生でした。でもすごく笑顔のいい方でその方が担任となりました。この子の場合は情緒のクラスで、ということになったものですから、若い先生が担任の二人だけのクラスが成立しました。これも小さな町だからできたのでしょうね。

養護教諭の先生は一年間彼を見ていたので、あの若い先生に務まるだろうかと親心のような心配があり、美術の先生は「いや、ちょっと若いからデリカシーがなくて彼を傷付けるのではないかしら」と、お母さんが三人そろってしまったようで、「あの子に何かあったら、ただじゃ済まないぞ」と、保健室で若い先生を取り囲むようなことになっていたのですが、それにひるむことなく、さすが体育会系と思えるほど彼はのびのびと授業を進めたのです。

その先生からいろいろと教えてもらうのが、また私の学びになりました。彼は「まず男組を結成しました」とそこから始まって、「せっかく彼も僕も男で二人しかいないので、ここはしっかりと親分子分の関係をつけてあげたいなと思って男組をつくりました」という話になり、そのあたりで養護教諭の先生と若い美術の女性の先生も「ほらね」というような顔になってしまいました。「何をしたのですか」ときくと、「男組ですから最初はツレションですね」というのです。休み時間に「トイレに行くぞ」と言って、ツレションに行く。「次は温泉に行きました」と。どういう手を使ってかわからないのですけれども、授業中なのに教頭と校長に「行ってきますから」と言って、二人で行ってしまったのです。「やっぱり大事な勉強だと思うので、これが大人の体だよというのを見せてあげたんだ」と。そうしたら彼はだんだん親分というように慕うようになってきたのです。それから、「この間の土曜日に家に呼んで、僕がチャーハンをつくるのを見せてあげました。これから先、自分で飯の一つもつくれないと困るでしょうから」と。何かすごいフライパンがあって、「これが男のフライパンだ」と見せたそうです。

もう夜の会議では唖然としてしまって、この先どうなるのだろうという状態だったのですが、実はその教師との関係はとても円滑にいきました。一年生のときはお母さんが三人いるのではないかと思うぐらい、お乳母日傘で彼は育っていましたので、保健室がもう自分の第二のおうちみたいで、養護教諭の膝に抱っことかそのような感じでいたのです。けれども男組の一員になってからは、保健室に足を踏み入れることもなくなり、保健室の先生がついこの間、廊下を歩いていた本人に、「最近、保健室に来てくれないじゃないの。寂しいよ先生」と言ったら、「あんな女・子どもの行くところに行けないよ」みたいな話をされたそうです。養護教諭は半分笑って半分泣きながら、「卒業していきました」という話をすると、その隣でお母さんが「最近は私も寂しいです」と言って、だんだん離れていく話ができていくようになりました。

途中から新しい一年生がそのクラスに入ってきて、彼は後輩ができたのです。そうすると男組の親分の下に大政がいて小政が来たわけですから、当然学んだことは復習しますので、彼はきちんと一年生に男組によく来たなという話をして、「じゃあ、一緒にトイレだ」というところから始まるのです。教頭先生にホットスプリングタイムなどと言って温泉に行く日を決めましたので、一緒に行きましょうという手紙を書いて、のんびりした学校だったのですね、教頭先生も一緒に行ってくださいました。その教頭はフットワークのいい教頭だったので、ほかの学校に移ったあとも、男性の先生が「あの教頭は今きっと寂しいと思うから、おまえ何か手紙を書いてやれよ」と言って「温泉に行きませんか？」という手紙を書いたら、教頭先生が有給休暇を取って来たのです。それでまたみんなで温泉に行く。なかなかすごいものなのです。どう頑張っても医療の診察室の中ではできないことです。

そんな感じで会議も雑談のようになってきて、「学校はすごいね」「じゃあ、今度見に来てくださいよ。彼の夏休みの宿題を見てください」とか、「この間絵を描いたんですよ。美術の先生が一緒に合作したんですよ」。そのような状態になってきたので、もう会議は必要ないかなと思いましたら、三年生になるとお父さんが会議に参加してくれるようになりました。参加されるのは時々ですが、一〇時ぐらいまでみんなが帰ったあとの外来診察室で話をして、帰ろうとすると、駐車場でその先生とお父さんとお母さんがワーッとしゃべっていて、いつ帰るのだろうと思うぐらい話が弾んでいました。

やがて彼は、卒業前に自分から「僕は高等養護に行く。仕事に就くための勉強をするんだ」と決めて、それが見本になったのか、あとに続く後輩もそのようなかたちの道をとっていきました。特別支援教育が始まるずっと前の話なのですけれども、そのおかげで私はそのお母さんともお友達になることができたし、彼と、彼を先輩、兄貴と慕う発達障害と診断がついた子どもたちと出会うことにもなり、養護教諭の方ともいまだにいろいろな情報交換ができるようになりました。

これもいくつかの事例を重ねたものですが、五年ぐらい前の話だと思ってください。二〇年以上前のエピソード1では、私はもう怒りにまぎれてちゃんとした対応ができなかったのですが、今回はこういうことがありました。お母さんのネグレクトから保護された子どもがいまして、お母さんとお会いすると「どうしてもかわいいと思えないのです。どうして私を困らせることばかりするのかと悲しくなり、怒りしかわいてこないのです」ということでした。おそらく二〇年前でしたら、それは親としては失格だよということが思いの中で出てきたでしょう。でも人の気持ちは複雑で、できることとできないことがあって、変えられることも変えられないこともあるし、無理に押し通すよりは、かわいいと思えないけれども親子であるという事実をきちんと持っているということで、今ここにこうやって来るだけでも十分ではないでしょうかと感じました。

そこに出産に絡む話なども聞いて、できることでやっていきましょうと言いました。周りの方は、もっとちゃんとしていかなければこの子がかわいそうだと言うようですが、でも共倒れしてもいけないので、無理のない範囲でゆっくりと修復していったらどうでしょうかと話しました。子どもがたまに外泊するたびに一喜一憂するという話から、「ああ、今回はよかったんだね」「今回はつらかったんだね」ということを聞いています。

私は仕事をし始めてから、自分一人ではできないということがたくさんありました。病棟をもっていたときにもう自分ではサポートしきれないという患者さんを、ほかの病院にお願いして引き受けていただくことになり、人のつながりや連携というものがとても大事だと気付いたものです。

エピソード1の男の子は、今考えると救助という印象を持つぐらいのことをしたので、一緒に考えたとか継続して援助したのではなくて、僕は手を引っ込めたというような状況だったのだなと思います。しかし先ほどの男組のケースでは、仲間といろいろと話し合いができて、私自身も楽になったし、もういいのではないですかと言ったときに、「いや、ここに来てみんなと顔をつなぐだけでも、ホッとするので」と言われ、私も同感で、一人で行わなくてもという安心とか、ひとりぼっちで悩まなくてもいいのだなという保証を、多くの関係者の力を借りるということで体得することができました。そうしていくと、いろいろな人がとてもユニークな面を持っていて、先ほどの男組の先生などもいまだに短髪でオフでは陸上で動いている人なのですが、本当に一人ひとりの個性や良い面を知ることができて、それを見るだけでも励まされるなと思います。自分の気持ちが萎えてきたときでも、「でもあの人も頑張っているしな。まあ、やるか」というような途切れない輪がつくれたということがありました。

二つ目は、エピソード1のところで私は責めてしまいましたし、やはり未熟だったのだなと思いました。いまだに気持ちを投げ出すときももちろんあるわけですけれども、当時は気持ちにかまけて、それだけを前面に出していました。患者さんを護るためという気持ちの中で、関係者を責めたりとがめたりしていたかもしれないし、援助者とか医者という立場にあぐらをかき、優越感を持っていたのかもしれない、周囲を動かせるという誤った万能感が生活の中で植え付けられ、身に付いてしまったのだなと思います。

精神科の仕事に就いた当時は閉鎖病棟がありまして、医者がその鍵を持つので、閉鎖病棟に患者さんを誘導して、自分だけ外に出て鍵を閉めた段階で、その患者さんをそこに閉じ込めるというような力を持てるのです。私は一度だけスタッフの勘違いで病棟に取り残されて鍵が閉まってしまったことがあって、このまま出られないのではないだろうかとすごく不安になったのです。そして、その鍵を持つ者と、その者に支配される者というような関係性は、優越感とか万能感とか間違った力の行使のようなことがあるのだろうと感じ、もっと日常生活を考えなければならないと思いました。

もう一つは支配する力というのは怖いものだなと。これも自分の体験ですけれども、うちの子が小さいときに何か人として許せないようなことがあったのです。今だったら、二〜三歳の子どもに何が許せないのかと思うのだけれども、当時はまだ親としても未熟者だったので、ここできちんと、この子には正しいことを伝えなければというつもりが、頭ごなしに叱ってしまいました。子どもが泣きながら「もう二度としないから」と謝ったときに、ふと、こうやって怒鳴って謝らせて自分が高いところにいて、ことばでこの子の首根っこを押さえつけることができるんだと思い、とても恐ろしくなりました。力を行使してそういう効果に浸ってしまうと、すぐに私はこの力を出そうとするだろうなと思って、この独裁的な支配する力というものをどうやって封印したらいいのだろうと考えるようになりました。それは泣いたうちの子が何か小さな塊になっていくように感じたからなのだろうと思うのです。

責めずに支え合う

臨床でも日常でも責め合う前に、責めずに支え合うとか、及ばぬ点を確認しながらということができないだろうかと思い、それから学校に行き先生方とお会いすることになると、誰一人として責められるべき考えをもっている方はいないのだな、みんな一生懸命なのだなと思います。それを何か高みの見物のような非日常の臨床の人間が、ああしたらいいこうしたらいいと言うのはおこがましいとも思うようになり、本当にいろいろな方が力を発揮していて、その部分をもう少しお伝えするほうがいいのではないかと。責めるという非義・過ちに注目するよりも、一生懸命やっているところに気付くことのほうが後々の関係がいいなと、そんな当たり前のことを臨床をしながら徐々に学ぶようになってきました。

話し合うことの大切さは、強く感じています。今回振り返ってみて、エピソード2での女の子の事例というのは、親子丼の温かさしか覚えていないのですが、きっとあれは校長先生が遅くに来たみんなに対するねぎらいの思いをかたちにしてくださったのだなと思います。あの温かい丼が校長のお気持ちだったのかな、などと今勝手に解釈をしています。

何かそうやって支援するということで人に優しくなれるなと思います。最近では児童自立支援施設とか自立援助ホームとか、いろいろな意味で生きることに四苦八苦している子どもを支えていこうという施設があって、その一つが大阪にある援助ホームです。数週間前にもドキュメンタリーでテレビにも流れたので見た方もおいでかもしれませんが、そこのご夫婦は実は福祉とか心理に経験のない方で、それでも行き先不安の若者を数名預かって、自立していくまで本当に温かい気持ちで支えていくのです。「時間がかかってもいいし、失敗をしてもいいし、焦ることはない。一年、二年、三年、四年、ゆっくりと繰り返して立ち上がっていければいいさ。大事なのは見捨てないことだし、見限らないことだね」というようなことをおっしゃるが、そんなさらっとしたことばでは到底言い表せない苦労がそこにはあるはずです。それを、とても大切なことを僕たちはしているのですとか、役に立っているのですとは言わずに、そこの援助ホームに来る若者に私たちも助けられていてねと言うのです。そのドキュメンタリーでも、ここを出て行ったあの子たちが、あとで結婚をしていっぱい赤ちゃんを産んでみんなして戻ってきてくれたら、ここはまた赤ちゃんでいっぱいになるよね、すごく大家族だよねと言い、何か援助しているのか家族の輪が広がってきたのだかという感じでした。そんな様子を見ると、実はこのご夫婦もここの若者に支えられ、育てられているのだなと、だからこそこういう気持ちでやれるのだろうなということを学びました。

援助職という専門職はない

三つ目は、援助職という専門職はないのだろうなと考えるようになりました。それと同時に、障害のある人、何か課題のある人が被援助者ということではなくて、人間が生きている上では一人ひとりが援助者であり被援助者であるという、いわゆるお互いさまで生きているようなところがあるのだなと感じることです。

今日はちょっとしたエピソードしかお伝えできませんけれども、その中で私自身が非常に救われたエピソードもありますし、その人と出会ったことで僕自身が気付いたことがたくさんありますし、支えてもらったり励ましてもらったりねぎらってもらったりということもあります。だから私も相手をねぎらうことができたり、その後の長い友人関係を築くこともできる。私も一人で戦っているわけではなくて、こういった部分に支えられている。援助というのは、してあげるとかしてもらうというような、一方通行のやり取りで成立するのではなくて、お互いさまなのだなということを学びました。

相手の気持ちや意識を推量する

四つ目は、多くの素晴らしい先生方のコメントや、いろいろと教えていただく中で、それぞれの人の生き方とか日常とか人生に思いをふっと近付かせて、目の前のことだけではなく、その方の人生を尊重しながら、知らないはずの人生なのだけれども浮き上がってくる、想像力のようなものがとても大事なのだなと思うのです。

見てきたことは伝えられるのだけれども、でも何となくこの心はこういう道を歩いてきたのではないだろうか、この方はこういう思いを持っていたのではないだろうかという、連続して今の現実の部分なのだけれども、過去も含めて、そして未来も少し見据えるような、想像力の部分、生きてきた歩みとか今を生きる大変さとか、豊かさとか、そこに近づけるといいなと、これは希望です。

相手の気持ちや意識を推量するということが想像力ですから、それで初めて相手の気持ち、あるいは相手の存在そのものを排除しないで済むのだなと。そうすると完全にはわかり合えないけれども、わかり合える部分も増えてちょっとだけ重なる、あるいは触れるということがあって、こういう仕事をしていて正直ほっとするようなことがあります。またその重ならないところをどういうふうに想像していくかということ、そして全然予測に反したことをまた教えていただけることが、こういう仕事をしていく支援の中での思いとしてありました。他者の意識を推量する想像力によって初めて異質な他者を排除せずに、認め合う自由を相互に手に入れることができるというのは、ここ最近ずっと考えて感じるところです。頑なにならずに緩やかに、柔軟に思いを巡らすことができたらいいなと思っています。

相手のためにこちらが悩むこと

しかし簡単にそれだけではなくて、土居健郎という精神科医の方の本の中に、「支援するということは、相手のためにこちらが悩むこと、いろいろと心配すること、苦しさに耐えることだ」と書かれていました。ここに至ると、想像力だけでのほほんと考えているだけではなくて、悩み、心配し、耐えるということもしなければならないよなと思い、まだまだそこは自分の課題でもあると考えさせられました。

もう一つは、医者になったときにいろいろなことを教えてもらった中で、いまだに覚えているのは、

「先にさじを投げるな」ということです。外来で面と向かって自殺をしたいと言われたときに、「まあ、そんなこと言うなよ」「僕の人生じゃないか」。「そんなこと言わないで、もうちょっと生きてくれ」「おれが死んだところで、あんたにとってどんなマイナスなんだ。おれの命をどうしたっていいじゃないか」となり、本当に困ってしまって、どこかにこの解答がないかなと医者になった最初の一～二年ずっと悩んでいました。

それだけではなくて、「もう放っておいてくれ」とか「どうなってもいいんだ」とか、なかなかいい展開がなくて、なぜかどんどん坂道を転がっていく状況になっていき、いかに私が無力なのだろうと思い知らされました。私は医者になった最初の年に、ああ、もうだめだと思ったときに、「いい病院を紹介します」と言ってしまった人間なので、そういう回避はよくないと感じているのです。それが伝わったのでしょうか、若い頃に「諦めないことなんだ。さじを投げないことなんだよ。究極、先に死んではいけないのよ」と先輩に言われまして、そうだよなという思いを持ちました。

つい数週間前に九州のある年配の小児科の先生とお会いして、いろいろと教えていただきました。その方はもうずいぶんお年を召しているので、「僕は本当に小さいお子さんの担当として初めて出会うというのを今は避けているんだ。この子の三年後、五年後、一〇年後まで責任がもてないので、ちょっとそれは遠慮しているんだよ。今大きくなっている子だけを少しずつ診ているので僕の力は精いっぱいだし、途中で僕がいなくなってしまったりするときっと困ると思うんだ」とおっしゃったのです。「なるほど、そういうことなんだ」と、さじを投げずに必死になるということもそうだし、失礼なことのないようにということも考えるべきだと教えていただきました。

また、医学的なことばではないのですけれども、尊重し合うとか、ちょっと優しくなれたら関係性はいいのかなということを最近とみに感じるようになりました。ほっとするような状況をつくるために、失礼のない対応をするには、どのようなことをしたらよいのだろう。毎回親子丼を出すわけにはいかないものですから、気持ちの上でのもてなしといいましょうか、そういうことはできるのかなと、そこが僕の中での課題といいますか、そんなことを考えています。

どうもありがとうございました。

◆稲田――先生ありがとうございました。それでは引き続きまして、村瀬先生と田中先生とで対談をしていただきます。それが終わりましてからフロアの皆様からご質問等をいただきたいと思います。ではよろしくお願いいたします。

◆村瀬――先生はいつも本当の意味で謙虚でいらっしゃいますが、今日は対人援助というものは相互性だということをはっきりおっしゃった。そういうことは、これまで私の寡聞にしてかもしれませんけれども、あまりはっきり文字に書かれたことはなかったような気がいたしますけれど、本当に本質的なところをご指摘いただいたと感銘深く伺いました。

これは対談ということになっておりますけれども、対談ではなくて、限られた時間で先生がもっと私たちに伝えたいと、お考えでいらしたり持っていらっしゃるものを私はお伺いしたいと思うのです。何気なく終わりのほうに先生がおっしゃった、対人援助の本質ということを実際の行為として具現化して、それを継続するということは本当に容易なことではないのです。それを可能にするものはいろいろな要因があるかと思いますけれど、どんな順番でもそれについてまず教えていただければと思うのです。

◆田中――可能にするもの……、どうでしょうかね。基本的には会っていく中でお話をしてみたり、一緒に動いてみたり、一緒に考えて悩んでみたりという、その同じ時を過ごす中から何か出てくるのだろうなと思います。

◆村瀬――それはたとえば座って部屋の中にいても、つまりその会話というのはことばとか観念のレベルというよりは、その背景にある具象化された生活の状況、まさに生きている体験とか、そこにあるものとか、空気とか、そういうものを臨場感をもって、しかもその人が今いちばん大事にして語っている五歳の頃の家が離散したときこうだったとか、そこに今自分も一緒にいるような感じで、ビスタビジョンの映画の中に自分もいるような感じに、どんどん想像が働いているときに、自分の中から自然にわき上がってくる不思議なイメージと想念のようなものでしょうか。

◆田中――ありがとうございます。そう言っていただけるとそうだなと思います。抽象化することがとても難しいのですけれども、私は仕事をしていて診察室で何かいつももどかしい。もどかしいと思っていた大人の精神科の診療の中で、結局この方はどういう生活をしているのだろうとか、このままうちに帰るとどういうキッチンに立って、どういう食事をして、どこにテレビ……、えっ、ちょっとどういう部屋だ？というように思うことがあって、そういうことが想像しても、想像しても出てこないときがあって、しばらくすると私はすごく往診が好きな人間になったのです。

精神科は往診というと、だいたい患者さんのところに行って「さあ、入院だよ」となるのですけれども、想像をはるかに超えた現実がそこの家にあるのです。いくつかの場面を覚えているのですけれども、統合失調症のお母さんが二階にこもってしまって降りてこない、下で旦那さんや息子たちが困った表情をしている。「僕が二階に上がっていくね」と言って階段を上がろうとしたのですが、その階段が到底上がれるような階段ではないのです、急な角度で荷物が散乱していて。ここをどうこの方は上がっていったのだろうとか、この上には何があるのだろうとか。北海道で寒い時期に往診に行ったときには、土間のたたきのところで二、三時間立って待っていて、このまま膀胱炎になるのではないかと思うことがあって、ガラッと開けて入ったら、やはりごみではないのですが、生活のさまざまなものが散乱している。

そういうものを見ていると、この外来に来たときに、その方が「つらくて今日はソファーで寝ていたんだ」と話すと「ああ、あそこだ」というように見えてきて、「ああ、そうだよね」と。「階段から降りてこないんですよ」「ああ、あのうち、降りてこないというのは大変だよね」ということが、少しずつイメージされるようになったということは、今のお話を聞いて思い出しました。

クライアントの生活をリアルに考える

◆村瀬――ですからこういう人の援助ということの仕事をしていると、本当は自分の人生をただ生きているというよりも、いろいろな人の人生を観察するということを超えて、本当に自分もそういうところで生きるとどういうことかということを、どこまでリアルに考えられるかというところが、俗に言うところの共感だとか受容ということを具象化すると何かというと、それだと思うのです。そこまで掘り下げるというか、具体的に生き生きと思い描くことをしないで、「ああ、そうなんだ」と共感したつもりでかかわっていっていると何か非常に違うなと思うのですけれど、先生はいかがお思いでいらっしゃいます？

◆田中――昔はまさに教科書的に、共感と受容が精神療法のＡＢＣだみたいなことが言われたのですけれども、受け止められないことがいっぱいあるなというようにも思いました。そうそう簡単に共に感じることができるなどというのはおこがましいし、共に迷ったり揺れたりすることがあって、近づけるかどうかということが僕の中のテーマになっていて、少し近づけたなとか少し見えたなと思うとちょっとほっとしたり、その風景が見えなかったりすると不安になったりします。でもおそらくそんなことは、ただの私の単純な想像力の世界で、その想像を超えた現実性を必ずこの人は持っていると思うと、本当に近づけないのだという悔しさとか、申し訳なさみたいなことを感じながら、行ったり来たりしていることも多いでしょうかね。

◆村瀬――そうでございますね。そしてそういうふうに平均的ないわゆる常識とか良識というような範囲からもう外れるくらいの、そういう現実に触れると、もちろん一方でこういう仕事をするときというのはある適正な判断基準とか、そのようにずれてしまっては困るのですけれども、でも私たちが普段疑いなく善悪と思っているものとは何だろうか、それを超えた不条理というと何だか変に分かったようになってしまうのですけれど、何と言ったらいいでしょう、そんな単純に人のことをそういう秤で、物差しで見られるのだろうかという、ある瞬間を垣間見るような感じがされることが、先生のおっしゃっていることと関係あるかなと思ったのですけれど、いかがでございましょうか。

◆田中――そうですね。たとえば私の価値観とか私の持っている道徳的な発想などというのは通用しない、そんなことを物差しにして出せるような人生ではない生き方を、わずか一〇歳や五歳の子がしているということを目の当たりにすることがあります。しかもそれしかない人生を生きてきたかと思いますと、私がある程度生きてきて何かの拍子に経済的に困窮して、すごくつらくなったということであれば、過去のばら色のときがあって今がとなるのですけれども、最初からばら色も何もなく、それがばら色だと思っている底辺のような時期を生活している方というのと、本当は根本的に違うのですよね。

それも想像していかなければならなくて、そうすると到底たどり着かないという思いも、修羅場をくぐり抜けたなどというような通り一遍の話ではなく、よく生きていたねと言えるような方と出会えば出会うほど、逆に私のほうが幸せだったのだなと思い、だったら私のほうがまだ余力があるから、その余力が出せるのではないかと、そういうやり取りが援助の軌道になるのではないかと思うことが多いです。

◆**村瀬**――関連して言うと、現実には生きていて嫌なことは、非常に理不尽な役割を振られたりとか、そういうことがたくさんありますけれども、ふと振り返ってみてこういう仕事をしていると、決してナルシシスティックな意味で自分の来し方をよくあるナラティブな何とかというように思い出すのとは別に、今たとえば二〇歳のこの人はこういう生活をしていらっしゃる、自分が二〇歳の前後はどうだったかとか、三歳の頃はどうだったかと思ってみると、時代や社会構造が違っていても、明らかにそれは自分の持っている努力の結果とか素質ではなくて、自分には与えられたいいものが、少なくとも今惨憺たる状況の目の前の人よりあるということに思い至る。それが、今先生がおっしゃった、自分はもうちょっと頑張れるなという気持ちを具体的に語るとこうなるかと思ったのですけれど、よろしいのでしょうか。

関連して、ふと思い出したのですけれど、私がこういう精神疾患とか、あるいは発達障害という領域とはまた別の非行少年に会っているときのことです。まだ学齢期の中学二年ぐらいでしたけれども、学校にほとんど行かずに年を偽って転々と水商売の世界にいて、その中で盗みや他にもいろいろなことをいっぱいやっているということがわかって事件になった少女でした。本当に人や物への不信感が強く、それからものをきちんと片付けるとか、持ち物の整理とか、とにかくお金の金銭感覚からすごくおかしくて、もうすべてが身に付いていない。この人はどこからどうしたらいいのだろうか。結果としては、どこか施設に送致ということに、事件の中身からしてもなるのであろうと思ったのですけれども、何かあまりにも背景が不可解で、彼女の勤めていたというそのバーに、調査として訪ねたのです。それでも事件が重いし、それから長く家出をして学校も行っていないし、当然送致という意見を出せば落着する事件でしたけれど、でもそれが本当に必要で、なぜそうなのかということが腑に落ちずに、結果としての事件の重さだけでその人を少年院に送致すれば、おそらく再犯してまたもっと大きな犯罪に陥るのではないかと思われました。忙しくて、訪問するとしても役所の勤務時間ではそれが不可能だったので、朝早くそのバーの寮に行ったのです。そうしたら、もう五〇年近く前ですけれど、人がこんなところに住むのかと思うような、寮と言っても寮とは言えない、何と言うのでしょうね、昔で言うと馬小屋とか牛小屋みたいな感じのところでした。お店に出るときはきれいな格好をしているけれど、そういう生い立ちの年齢不詳の……、本当は未成年者でも大人と言っているわけですけれど、みんな気持ちがささくれ立っていて、彼女はたまたま窃盗ということになっていますけれどお互いに盗みをやっていて、前の日のチップとか現金を持っているとなくなるので、毎朝金融機関の人が集金に来る、いつも現金は身につけていて、人のことは信用しない。つまりずっとそういう生活で家族というものの生活を知らないできた人に、ただ盗みは悪いとか生き方はこうだということを、一方的にこれがスタンダードだというものを自分の生活と視点からだけで、それが絶対正しいという観点からだけで一生懸命教えるというセンスだけでは、非常に伝わりにくいだろうなということが衝撃的にわかりました。わかったというか、わかったような気がしたのですけれど、おっしゃったことは同じようなことでしょうか。

私はすごくびっくりして、そしてまたそのバーの経営者というのは私がそこまで出かけて調査するとは思っていなかったのです。しかもそんな朝八時前にやって訪問されたのに驚きで、飛んで来ました。また現れたのがまるで世間知らずのような、卒業して間もなくでしたから、向こうの分類する範疇にないような人間だったので、戸惑われた様子でしたが、話すと向こうもすごくどぎまぎしながらという感じでした。

でもそれを見ていたその子が、自分はこれから少年院送りになるのですねと、少年院に自分だけが送られる、仲間はみんなお互いのお金を盗んでいるし、いろいろそういう風俗的なこともやっているのになぜか、とはじめはすごく怒っていました。けれども一応納得したのです。私は、想像力というのは限界があり、やはりその場に行ってみるということをしないとわからない、いや、してもわからないところもあるような気がしますし、私たちはわかったつもりで話していることが、実はずいぶんわからないで話していることも多いと思います。でも、立場上こちらがものを決める役割であったり力を持っていたりすることによって、本当の納得が得られながら事柄の結論が出てくるということを難しくしているのかと思ったことを、今非常に鮮やかに思い出しました。

何か変なことを言って恐縮です。でも、その少女はまだ中学二年だったと思うのですけれど、ずっと不登校で、とてもませていました。その時のその少女の顔の表情とか、語った内容は今もよく覚えているのです。私にとってはリアリティとは何かということが、ものすごくピンと来た出会いだったのです。

◆田中——村瀬先生の話をずっと聞いていたいなと思っていたもので。

今のその話……、(生育歴も) 何もないのですけれども、そのほうがどういう人なのかということをやはり想像したり考えたり、精神科医としてストーリーをつくっていくということを学ぶわけです。ここまでやってきて今さらですが、まだまだだなと思うことをつい最近経験しました。

今出版社にも復刊をお願いしているのですけれども、村瀬先生とご主人 (村瀬孝雄氏) が昔翻訳された『愛はすべてではない』という本があります。今で言うところの児童自立支援施設か養護施設のようなある施設で、子どもたちをサポートしている、ベッテルハイムという心理学者で校長先生の活動の記録を本になさったものです。今読んでもびっくりするぐらい、虐待を受けた子どもたちや、いわゆる発達障害だろうなと思われるような課題を背負っている人たちが、そこの利用者なのです。

冒頭でびっくりしたのは、四歳から性的虐待を受けていた女の子のことでした。その子は六歳で保護されるのですが、保護されたあとも性的に大人を誘惑するというような行動をずっとその女の子はするのです、わずか六歳程度で。本来でしたら、それは虐待からのことだねとかそこで学んだんだねとか、いろいろな解釈があるのだけれども、ベッテルハイムの解釈は「それしかないという人生の中で、そのことだけを正しく学んできた子なのだと理解するとどうだろうか」と書かれてあります。「ああ、そうなんだ」と、それはもう僕の中ではストンと落ちました。

「そういうことは人としてしてはいけないんだよ」とか「君はそんなことをする必要はないんだよ」ということを頭の中で善意としてつい言ってしまう私が、やはりそれを読んだときにいるのです。でも、今まで六年間ずっとそのことだけを糧に生きてきた子に、そんなことをする必要はないんだと言うのは、それはいけないことだというように伝わり、それ以外の生き方を知らない子どもにそれを否定したら、まっさらな無の状態になって、全否定になっていくのではないかということを想像しました。そういうこと一つの声をかけるにも急いではいけないのだな、今すぐかけられないことがあるのだなと考えさせられます。こういうことで生きてきたのだということを、グッとそこで立ち止まって受け止めていくことから、次に違う生き方をこの子に現実的に示していくことが、俗に言う育て直すとか、かかわるということなのだなと思いました。

クライアントと向きあうこと

想像を絶するような生き方や精神的な葛藤を背負っている人たちに、どういうふうに自分は向き合えるのだろうかということが改めてまた私の課題でもあり、またどこかで私はそれを楽しみたいなと思ってもいるのですけれども。四〇年以上も前の翻訳のこの本を読んで、ああ、まだまだ道は遠いなということを痛感し、ここ一年ばかりそのことで頭がグルグル回っているのです。

◆村瀬――でも今お話しくださったエピソードというのは、やはり経験から人は学んで、経験が限定されていれば、それが人として生きていくマナーになるということで、本当にそうだなと思いました。

今度は、二〇年以上入院していたある統合失調症の人のことを思い出しました。その人は退院されて、質素なアパートに独り暮らしをして、日雇いの肉体労働をされていました。今ほどコンビニの個食とか、ひとりの人でも何とかなるようなものがまだ売っていなかった頃で、暮れの店が少ないときは大変だし、そこのご親族というのは非常に社会的な立場のある裕福なおうちで、たまにお金は渡されましたけれど、そういう人の目があるときは家の近くに来ないようにということで、お正月などは行ってはいけないことになって、ひとりでアパートにいるということがわかっていました。

主人は、その頃退院されたそんな何人かに面接をしていて、小さな鉢植えと何か食べ物を持っていくから用意しろと言われて、二人で届けに行きました。するとその方は、無表情ながら喜ばれてお茶をいれてくださったのですけれど、もう十二月の押し詰まったときで本当に寒い冷え冷えとしたアパートですから、熱いお茶は私たちにはごちそうなのに、「ちょっと待ってください、ちゃんと冷やしてからね」と言ってフーフーと吹かれるのです。大勢いる閉鎖病棟にいて、いつも冷えたものを食べていたので、熱いものは食べることができなくて、お客さんにそんなものを出したら失礼だと思っておられるということを知って、本当にそういう閉塞した生活を長く送ってくるということは、病気の上に何かますます……。

これは一つの例で、その人がそうやって細々と働いていらしても、やはり大変なことがいっぱいあるのは、ある種の社会的入院的な状況を続けた結果であり、この病気の上に常識的な行動からのずれが重なっているのでしょう。それは今のベッテルハイムの子どもの例も同様だし、そう考えてみると、何か普通に考えると耐え難いような人というのも、みんな必然性があると考えられますね。

◆田中――統合失調症がその方の生活を形成したのではなくて、病棟の生活が彼の自由度を狭くしたのですね。ベッテルハイムのケースも性的虐待を受けた子どもの心理状態というような切り取り方をすると、非常に陳腐な理解になってしまいます。日常の中で積み重なって体得してきたことの必然性というのが、実は別な見方で言うと医学的な症状のような表現になっていくので、そこはもっと日常的な中の文脈で理解できることのほうが、本来多いのではないだろうかと最近感じるようになったのです。

◆村瀬――そうですね。しかし実際に仕事をしていくときには、やはりこの方が生きていく上で、それがゆえに周りの人と調和したり、職業を継続していくのに差し支えがあるわけです。その特徴は何か、その特徴の段階をつけると、どれぐらいの重さであるか、それが変わるためにはどのような手立てで、どれぐらい働きかけて支えがあると、それが何とかそうした周りの援助が不要になるだろうかということは、一方で考えなくてはなりません。それがいわゆる見立てであるとか、あるいはその人の持っている生きていく上での不都合さの特徴を、病名であったり問題の性質というようにとらえるわけですね。そう言ってよろしいでしょうか。

そうすると、一つの類型化した見方と今類型化されたあるカテゴリーにくくられるのだけれど、その人にとってのその人らしい歴史の持っている意味とをいつも両方合わせて、しかも瞬時に見立てる、これを仕事というように置き換えますと、やはりいい仕事とは、なるべく短い時間にたくさん相手から語ってもらったり、いろいろな検査を繰り出さなくてもそれがわかるということなのでしょうか。では、そういう力がだんだん付いていくには、どんなことが要りましょうか。

◆田中――類型化する見方というのは、おそらく同じようなタイプの人を何回も何回も見ているうちにできてくるのだと思います。それこそ杉山登志郎先生は、自閉症という診断が付いているお子さんを一〇〇人診ると、だいたいパターンがわかるよというような言い方をしています。逆に言うと一〇〇人診なければパターンはわからないよという表現にもなるので、その数の中でパターン化されていくというのが、自分たちの頭の中でカテゴライズされていく一つの部分で、それは経験と学習の中でできていくのではないでしょうか。

しかし、もう一つ先生がおっしゃった、その人の生き方や生き様、あるいはどういう歴史を背負ってきているのかという部分は、実はその地域の歴史を知らないと見えてこなかったり、その家族の考え方に触れてみないと何とも言えないと思います。虐待だと思っていたケースが、実は父親が綿々と受け継いできたそのうちの家訓のような厳しさであったというようなこともありましたし、一場面だけ切り取ってそれを虐待というような今のカテゴライズで表現すると、それまでの綿々と生きてきた伝統を壊しかねません。そういうことを含めていくと、やはり私は貴重な地域の文化や、伝統的な考え方や、そこからつくられてくるさまざまな価値観のようなものを無視してはいけないと思いますし、そうすると臨床とはちょっとかけ離れた知恵や情報のようなものも持っていないといけないという気がします。

◆村瀬――そうですね。ですから個別に即してその人のことをなるべく的確にわかりたいなと思っていくと、それは精神医学とか心理学の知見はもちろん必要なのですけれど、どれだけジェネラルアーツを、しかも、できたらそれは非常に知性化された概念として整備されているのではなくて、何かいつもそれに血が通って呼吸しているような、ホットな生きたものとして、たくさん持っていることなのでしょうか。

そのためには、幅広い読書とか、いろいろな経験をたくさんするということもあるかと思いますけれど、たとえば先生は演劇とか脚本を読むことに大変深い興味がおありですよね。最近はさすがにお時間がなくて舞台にお立ちにならないかと思いますけれど、ご自身でも演じられましたよね。そういうことというのは、実は単なる趣味というよりは、今日お話しになったようなことに非常に連動していらっしゃるのではありませんか。ことに脚本というのは、もちろん長編小説はそれならではの大事なメインとも言われている文学のジャンルですけれども、脚本というのは人間の心の綾をある場面の中に凝縮して、しかもセリフの中にどうとらえて出すかという、こそぎ落とした表現であり、それでいながら人が演ずると何か血が通って、呼吸していて笑いもあるという不思議なものですよね。

私は、先生のお話を聞いていたり、あるいはやり取りをさせていただいているときに、私がことば足らずに言おうとするようなことをパッと汲み取って、今田中先生の中でこういうふうにご理解いただいているのだなと思うことがあります。それは、先生がたくさん脚本をお読みになっていることと、その時の思考回路はとても似ているように思うのですけれど、どうでしょうかしら、違っていますか。

◆田中――もっと言うと、私は一人っ子で親が共働きだったので、一人の時間がすごく多かったのです。一人の時間が多い幼少期は何をして生活するかというと、空想の中に自分を置くしかなくて、だからけっこう不思議な体験が小さいときにあって、幻聴が聞こえたり幻視が見えたりいろいろな体験が小さいときにあるのです。いまだに自分の中では説明がつかずに、熱にうなされていたのだろうというようにしか思えないのですけれども。そういう中でつくっていくストーリーというのがたぶん私は別にあって、少し成長してきたときにそこにかなり近いものが、演劇の脚本だったり演じるということで見えたのかなというところはあります。だから、何となく話をしているのが舞台のように見えたり、うちの様子を見たりするのもどこか回り舞台のように見えていくような……、見えてくると安心という感じはします。でも最近は、事実は小説よりも奇なりのようなかたちで、芝居とか本とかよりも現実のほうがすごいどんでん返しが待っていて、想像を絶する感じになってきたなと思います。

◆**村瀬**――そうですね。それと今、一人っ子だからいろいろなことを空想したとお話しになられましたけれど、先ほど引用なさいましたベッテルハイムの『愛はすべてではない』という本の中に、「ひとりでいること、みなといること」という章があるのですね。ふつう孤独ということはあまりポジティブではないと考えられていますけれど、孤独にも loneliness と solitude と二つあって、自分ひとりでいるという事実をしっかり受け止めてひとりの世界を味わって、人とは本来はひとりだということを認識する、受け止める、それができて初めて人はほかの人と分かち合って生きることができるという意味のことを、具体的な例を通して非常に説得力をもって書かれている章です。

たとえば田中先生が今日お話しになった、対人援助者というようなものはなくてお互いに助け合っているのだ、ということをそういうふうに具体的に行動に表すと、献身的な気持ちをもたないで、本当にフランクに誰とでもその状況に即応して自然に分かち合っている、ということになると思うのです。でもそれはすごく大変なことで、それができるためには本物のひとりでいて、人間は本来は孤独だということをしっかり噛み締めたことがあって、初めて可能になることではないかということを、今ふっと思ったのです。

最初にその条件はいろいろあるとは思いますけれど、先生は本物の孤独というものをどういうものか味わって、でもそれが妙な狭量な分かち合わないところに固まるという方向にはいかなくて、本来はひとりなのだから、だからまた分かち合うことに喜びがあるというようにそれが広がった結果、今日のようなお話に展開していく道に入られたと理解いたしましたけれども、いかがでございましょうか。

◆田中――口頭試問からだんだん解剖されてきているような……。でも先生のお話を伺っていて、「ああ、そういうことか」と思いました。私は小学校の一年生のときに親戚の人が亡くなり、霊柩車に乗って一緒に火葬場に行って、目の前でその人が燃えていくということを体験しました。それ以降、今もそうなのですけれども、いずれ人間は死んでいくんだ、ひとりなんだという不安感にさいなまれるようになりました。今目の前にいる人が本当にいるのだけれども、結局ひとりにどんどん入っていくという寄る辺なさみたいなものにワーッとなることがずいぶんありました。だからこそ人を求めているのだろうなとも思うし、だからこそ人の中に行くことを一方で望み、でもひとりでいるということを時々思うのです。

孤独の豊かさ

そんなに根底的に、孤独というものはとか、孤独の豊かさみたいなところまでは、私の中ではいっていないのですけれども、ひとりでいることというのは何となく私の中の引っかかっていることであって、ベッテルハイムのその章もそうでしたし、ウィニコットが言っている「ひとりでいられる能力」という部分も、私の中ではすごくひっかかっています。ひとりでいるということは単純に寂しいということではなくて、豊かなものなのだということをわかってはいないところがあるのだけれども、わかりたいというのがすごくあるのかもしれないです。だからつながりたいという、連携とかというものに、少し自分の気持ちが向かうのだろうなということは、自分の中ではわかるのですけれども。

◆村瀬――ありがとうございました。だからつながるということも強調なさいますけれども、つながるということがうまくいくためには、数を頼んで自分が引き受けるべきことを複数の人たちに何となくかぶせて、でも自分もその中にいることによって安住した気持ちになるという、そんな気分だったら、そのつながる、あるいはグループ、あるいは連携はうまくいかないはずで、本当はひとりで引き受ける、ひとりなんだと思う人たちが分かち合うときに、初めて事はうまくいくのでしょうね。

自分は誰それを援助しているというのは、ある意味でそれはベクトルの方向は一方を向いていて、自分のほうに何か非常にウエイトを置いて考えているということになる。でも今申しましたような観点から考えると、実はそこにはえも言われぬかたちで、今たまたま目に見えるかたちで何か差し出している。その差し出すという行為があり得るのも、受けるものがあって初めてそれが成り立っているということに気が付いていると、自分はいつもたくさん何かしていて、燃え尽きてしまって損だなというようにはならないのではないだろうか、ということですね。

今日、田中先生のお話の言外に、本当はまだいくつもおっしゃりたいことがおありかなと思いまして、今最後に時間の範囲で、こういうことがおありではと申し上げましたが、そのお答えも大事なメッセージとして受け取りました。どうもありがとうございました。

◆稲田――田中先生、村瀬先生ありがとうございます。

それではフロアからのご質問を受けたいと思います。

◆質問――いろいろなエピソードをお聞きしたのですけれども、とても重い内容も多くて、それを日々考えていらっしゃる先生方は、どのように自分の気持ちを落ち着かせて、現実を受け止めるだけの強さというのか、優しさというものを身につけられたのでしょうか。もし私だったら相手の方の現実のすごさに圧倒されてしまうかなと思うのですが、もし何かそのようなアドバイスがあればお聞かせください。

◆田中――どうでしょうか。変な言い方ですけれども、圧倒されてというほど全身全霊を傾けていないと言ったら語弊がありますが、どこかに何か余力を残しておかないと、と言いましょうか、冷静に自分の動きを見られる自分というものを残しておかないと、自分を見失うということが不安なのです。

やれることはもちろん一生懸命やるのだけれども、受け止めても変わらないものはあるし、変わるものは変わればいいなと願っています。でもどこかで自分がそこまでの大きな力を持っているというよりも一緒に考えてみて、どんな小さなことでもやれることを見つけていこうみたいなところがあると……。あまり根本的なところが大きく変わるようなことがパッと出てきたら、私はすごい人なのだろうなといつも思うので……、「ないわ」みたいなところがあるのです。

解決策が見つからないから来られたので、見つけられないところまであがいたほうがいいのではないでしょうか。困った方が来て、わずか一時間やそこらで「いい考えがありまっせ」みたいなことを出せるほど私の引き出しは豊かではないので、「いや、本当に困ったな」というように正直思うのです。でもそうやって話してくださったことで、もしかしたらこの方の困っている部分の一〇のうち一つか二つここに落としていってくれたら、私は一〇は拾えないけれども一つか二つだったら拾えるなと思うと、八で帰っていただいたら少しはいいかなと。でも問題は決して解決はしていないという思いがどこかであります。

これも何かの本で読んだのですが、自分の勤めている病院を出るときに、その患者さんのことが頭から離れないような状況にいるときは、その患者さんの担当を降りるべきだという一言があって、それぐらい自分がそのことに入れ込みすぎると、決していいことはないのだというように私は解釈してます。そこには、転移だ逆転移だとかいろいろわけのわからないことが書いてあるのですけれども、結局はそこまで一生懸命になるのは相手も迷惑だろうというようなことですね。

もう一つは、問題というのは最終的には主体的に解決していくもので、私がかかわって解決するということではないということです。この方が「あっ、わかりました」と言い、「へえ、わかっちゃったんだ」みたいなことでいくのが私の理想なのです。重たいのは重たいのですけれども、しょせん私はその重たさの外側の人間で、その重たさを全部背負っているわけではないという、本当に申し訳ないような安全地帯にいるようなものですので、受け止めようとはするけれども重ならないし、だからたくさんの人の相談には乗れるけれどもつぶれない、というところで自分を生かしておかないと、というのがあるのかもしれません。

もう誠意を示さないということではないのですけれども、一生懸命になることが誠意だとは思えないところがあるのです。私が関係したことでかえって悪くなってしまったらよくないなとか、おろおろしたらよくないなどと思うので、やれることとやれないこと、自分のやっていることを、俯瞰して見られるような状況で、やり過ぎていないかなとか、何か言い過ぎていないかなとか考えます。

私がおろおろしたら、本当にとんでもないことだったんだと逆照射して不安にさせてしまわないかな。せっかく来たのだからちょっと安心して帰っていただいて、また来てもらえればそこで解決はできないかもしれないけれども、「大変だね」と言ってねぎらうことはできるかな、完全に治すことはできないにしても。そういう感じで仕事をしているから、何とかかんとかやれているのかもしれません。すみません、先生どうでしょうか。

物事を相対化して考える

◆村瀬――田中先生がおっしゃったとおりだと思います。物事を相対化して考えるということは、いつも大事なことのように思うのです。そう考えてみると、もちろんまじめにできることの最善は尽くしますけれど、これはほかの人に言うことではなくて私が自分に言い聞かせるのは、やはり自分は宇宙の塵だと思うのです。だからもともとの塵が舞い上がってこんなはずだなどと思うこと自体、それは実態は外れているのだと思えば、ただもう今日できることをやるしかないと思うのです。

それから物事というのは必ず終わりがあります。ことに私は年をとっているからそう思うのかもしれませんけれど、でも私は子どものときからとても強くそれを思っていました。ずっと何かを隠していたり、何かずるをして誰かにその秘訣を伝えないでいたり、その短い期間で得したように見えても、もう本当にこれでおしまいというときに、「ああ、もうちょっとあの時できることをしたらよかった、もうちょっとできる範囲の親切をすべきだった」と思うよりは、たぶん一回限りで終わりがある時間の上を生きているのだったら、今日できることをしようと。でも宇宙の塵なので、できないことを考えて悶々とするのは限られたエネルギーの無駄遣いだと、（誠に何だかこう言うと……）というように思っています。

◆稲田――どうもありがとうございます。田中先生、本当に今日はどうもお忙しい中ありがとうございました。村瀬先生もありがとうございました。

参考文献

B・ベッテルハイム（著）村瀬孝雄・村瀬嘉代子（訳）『愛はすべてではない』（一九六八年）誠信書房

ローカルであり続けること

北海道教育大学
平野　直己

今日は、対人援助の本質を考えるということで、「ローカルであり続けること」というテーマで、私なりに考えてみたお話をさせていただきます。私は大学の教官ではあるのですが、自分自身は実践家だと思っています。その実践の中で考えていることをお話ししていきます。また、私は研究的な立場でも実践を考えようとしているので、その研究についてもお話ししていこうと思います。

事　例

起承転結ということで話を考えてきました。まず、その起ということで、私にとって対人援助について考えるきっかけとなった、いくつかの経験についてお話ししたいと思います。

私は、心理療法を生業とするためのトレーニングを受け、ここまで来ています。とりわけ精神分析というアプローチからのトレーニングを受けて、北海道に来ることになりました。さらにプレイセラピーという、遊びを媒介にしながら子どもたちとかかわるということをずっとやってきました。そういう中で、子どもが変化する瞬間に居合わせることがたくさんあるわけです。

たとえば、こういうときです。ある小学生の女の子が、いろいろな事情があって、家庭的にも難しいことがあって、学校で混乱した行動をするということで、私のところにやってきました。その女の子は、私と相談室に入るなり、片っぱしからプレイルームにある物をひっくり返していくのです。そして終わり際になると、「あとは、あなたが片づけてね」と言って帰っていくのです。一体何が起こっているのだろうと毎回途方に暮れる面接が続きました。でも彼女がやろうとしていることは、とても一生懸命やっていることなのです。

いろいろなことを考え試してみてもうまくいかなかったのですが、あるとき思ったことがありました。彼女が帰るときに「片づけてね」と言うのは、どうやら散らかすためにやって来ているからではなく、片づけて欲しくて来ているのではないかと思ったのです。そこで私は、「ああ、わかった。君は片づけて欲しいことがいろいろあるのだね。じゃあ、まずは僕が片づけるけれど、これから一緒に片づけていこうよ」と話をしたら、そこから遊びの内容が変わってきたのです。

二つ目のケースは、私のところで一緒に勉強している方の経験です。この方は、子どもたちのグループを担当しているスタッフとして働いていて、その彼女が担当した子どもの例です。

この子はなかなかおもしろい子で、曲ったことがきらいなのです。自分が挨拶をしているのに、同じグループのシャイな子が自分に挨拶しないようなとき、彼はそのシャイな子の目の前に行き、必死になって挨拶しろと迫るのです。ところが、シャイな子だから全然挨拶できない。そうすると、スタッフの人たちが「あまり無理するな」「いいんだ」と言うのですが、この子は納得いかないわけです。「僕は、挨拶すると必ず挨拶するものだと教わってきた。この子が間違っているのに、なぜこの子を注意しないのだ」と始まってしまうのです。ある遊びのときに、いつも挨拶しろと言っているそのシャイな子に向かって怒り始めたので、追及する男の子の担当をしていた臨床心理士が、気持ちがこもって泣いてしまったのです。そうしたら、この男の子がびっくりして、「一体、お前どうしたんだよ。俺、泣かせるつもりはなかったんだ」と言うのです。

この子はこれをきっかけに、隣に自分とは違った感じ方をする、涙を流したりする人がいることに気づき始めました。それまでは、挨拶することが大事だと思っていたのですが、何か隣には異なる考え方の人がいるのだと、少しずつ人の心というものについて関心を持つようになった、という変化が起きたのです。

これらの例はマニュアル的に考えると「散らかすことは片づけを求めることなのだ」、あるいは「心に関心を持つための方法として、泣けばいいではないか」というとらえ方ができるかもしれません。しかし、このように公式化できるわけはないのです。これは皆さんもおわかりのことだと思います。

私が知りたいのは、何がこうした変化の瞬間を生み出す力になるのか、ということなのです。何かそういう変化を引き起こすような力が、今いる場所に、その出会いにあるのかもしれないと考えたわけです。

信頼の方法論

三つ目の例です。これは「信頼の方法論」と名付けました。私はカウンセラーとして働いている他に、ついこの間までフリースペースを主宰していました。一軒家を借りて、昼間開けているので、地域で学校へ行くのに戸惑っている子たちとその家族がやって来ます。それを地域のいろいろな大人の人たちで支えようという場所を作っていました。

私が勤めてきた刑務所や鑑別所の言葉でいうならば、心理療法ではクライアントには、娑婆で会わないことが大事なのです。たとえばスーパーでばったり会うとか、私が楽しそうに近所の人と話しているところで、私のカウンセリングを受けている方と出会ったら、その方はなんとも言えない気持ちになると思うのです。自分の話をしているとは思わないけれども、何となく落ち着かないですよね。だから、心理療法というのは、できるだけ日常生活からかけ離れたところでやるのが、信頼してもらうための一つのテクニックなわけです。

ところがフリースペースだと、そうはいかないわけです。たとえば、地域でやっていれば、地域の人から信頼してもらわなければいけないのです。私のところに来る子どもたちに、近所のおばさんやおじさんたちが「おはよう」と挨拶してくれるのですが、シャイな子たちなので、うつむいてそのまま逃げていってしまうのです。すると近所の人たちに「あの子たちはちゃんと挨拶しない。平野先生は、どういう教育をしているんだ」と言われてしまうのです。

そんなことがあった頃、雪がどっさり降った朝、私は、そのユリーカというフリースペースの前を汗を流しながら除雪作業をしていました。そうすると、近所のおじさんおばさんが「平野先生は偉い。大学の先生なのに、ちゃんと除雪をする」と言って、その子どもたちに優しくなってくれたのです。「おはよう」と言う他に「あんたはいい子だね」とか言い始め、お菓子をくれたりもするのです。

つまり、隠れたりするのではなく、むしろ自分が汗を流しているところを見せていったり、地域と一緒にともに活動していくということを積極的にすることが、信頼を受ける方法につながっていくわけです。信頼を得るためのやり方は、いろいろな場所によって異なってくるわけです。

四つ目の例です。たとえば、私もよく実践を報告しますが、私が大学院生のころ、村瀬先生の事例を聞かせていただく機会がありました。それが終わったあと、こんな声が聞こえてくるのです。「あれは村瀬先生だからできることなのだ」と。「真似できるようなものではなく、私たちは、誰でもできる方法が知りたいのだ」と。これは私も時々思うことがありましたし、戸惑うことでもあります。では、私たちは実践現場の報告から何を学んだらいいのでしょうか。疑問として起こるわけです。

ローカルであること

「ローカルである」ということは、今までお話しした例に関連することです。まずは、ローカルの反対の話からしようと思います。実践には、ユニバーサルやグローバルな側面と私が勝手に名付けているものがあります。どんな人にもあてはまる世界で通用する一つのやり方、といったものです。もちろん臨床現場の実践にも、こういった側面があると思います。これは、誰でも、どこでも、いつでも、どんな対象でもできるということを売りにし、マニュアル化できるという意味で、とても役立ちます。でも私は、このことにはあまり関心がないのです。大事だとは思いますが。私が研究していきたいと思っているのは、臨床実践のローカルな側面です。その場だからこそ起こること、その時だからできること、その人だから、あるいはその人とその人の間だから生まれてきたもの、という臨床の性質です。そこには、援助の目標はあったとしても、そこに至るアプローチはマニュアル化できないということが起こってきます。でも、その人・その場所に適うという意味で、役立つものです。

実践が理論より先にある

臨床心理学というのは実は、ローカルな臨床実践から得た知識や経験を体系化していったものだと考えられます。つまり実践が先にあるのです。そこで実践を経験した人が、こんなものがあるではないかと、その知恵や経験を蓄えることで学問として成り立っているところがあります。だから、フロイトだって、ユングだって、ロジャーズだって、村瀬嘉代子先生だって、おそらく実践を通して得た知識や経験をことばにされることによって、体系化していくという作業でできたのが臨床心理学という学問です。だから、私が一緒に地域実践の研究をさせていただいた村山正治先生は「常に実践が理論より先にあるのが臨床心理学なのだ」とおっしゃいます。実践は常に新しいのです。そのあとを追っているのが理論なのだ、ということだと思います。

ところが、臨床心理学についてのカリキュラムが大学にあって、そこで勉強した者にとっては、そういう体系化された知識や経験は、原則やルールとして頭で学んでしまうので、原則の由来を経験せずに実践を行うことになってしまいます。私は、自分で経験したものから立ち上げていくという実践のおもしろいところを、どうすれば勉強できるだろうかと考えたわけです。とくに最近の臨床心理士の資格にかかわる指定大学院の教育システムは、ユニバーサルなものとかグローバルなものこそ臨床心理学で教え学ぶものだ、という気運がどんどん強まっているように思えます。つまり、マニュアル化されたものをちゃんと勉強しましょう、といった形です。私はこれに対してやや不満を持っているのです。基礎の勉強は大事ですから、それをした上で、もう一つ教わりたいことがあるのです。ローカルな臨床心理学を自ら考え、作る方法や発想を考えていきたいのです。

心理療法から地域実践へ

続いて、起承転結の承です。「心理療法から地域実践へ」という話をしようと思います。私は北海道へ来ることになり、鑑別所に少しいた後に大学で勤めることになりました。そして小さな相談室をもらい、子どもたちの心理療法にかかわるようになりました。そこでこういう例がありました。

プレイセラピーでもそうですが、私たちが目指すのは、その子が主体的になることを応援することです。いろいろな意味で、自分を出すことについて恐怖心や躊躇を持っている子どもたちが多いですから、そういう子たちが元気になってくると、だんだんその子らしくなってきて、いろいろなことを言い始めるのです。たとえば「ギターを弾けるようになりたい」「写真を撮りたい」とか「音楽をやりたい」とか。おかげで私も応援するために、ギターを弾けるようになりましたし、アンパンマンならばそらで描けるようになりましたし、ピアノもちょっとぐらいなら弾けるようになったわけです。

ある女の子が元気になっていくプロセスの中で、「ヒップホップを踊りたい」と言いました。私もさすがにヒップホップはできませんので困りましたが、地域のある会合で青年会議所の人たちに名前は伏せて事情を説明した上でヒップホップの教室を紹介してもらったのです。

私一人だったらできることは少ないけれども、こうして地域を見回すと応援してくれる人たちが意外といるのではないか、と思いました。

地域のネットワーク

私の仕事は、子どもたちの思いを形にしていくことと言うこともできると思うのです。だから、このようにダンスがしたいという子どもたちを応援したい。そして、地域にも応援してくれる人たちがいる。地域に応援してもらえると、子どもたちはその地域を愛するし、やっていこうという気持ちになっていく。さらに考えていくと、思いを形にするという発想は、子どもだけでなく大人にとっても求めていることではないか、と思い始めました。これまで私は心理療法ということで面接室にずっと留まっていたのですが、北海道はまだ心理療法という地盤や文化が育っていなくて、地域のネットワークが強く、それで支えられる部分もいっぱいあります。東京とは違うそうしたシステムをもう少し地域の中でうまく使えないか、私の今まで学んだことを発想として使えないかと考え始めました。そこで、地域の人たちと一緒に一軒家を借りて、フリースペースを作ることにしたのです。

そのフリースペースを始めるにあたって、二つの機能を課題にしました。一つめの課題は、その人たちが動いてみる、言ってみる、やってみる気持ちになれるような雰囲気を、作ろうということです。つまり、主体的にものが言える場所にしようということです。その雰囲気をどうやったら作れるかと考え、学会で発表したときに英語にしなければいけなかったので、セキュアベース機能と名付けました。

ポテンシャルスペース（懐の深さ）

でも、これだけではうまくいかないのです。もう一つ大事なことはやってみたい気持ちを応援していく機能です。これを英語ではポテンシャルスペースと名付けました。これは日本語にするときに困ったのですが、「懐の深さ」としました。そして、その主体的な思いに応答して、応援する懐の深さを作っていこうと考えました。私一人でできることはほとんどないから、そのことに応援してくれるような地域のネットワークをどうやって集めようかと考えたわけです。

そういうわけで作ったのが、ユリーカという場所でした。二〇〇一年の四月に民家を改装して開設しました。借りた民家は築四十年ぐらいで、非常に換気のよい、寒さがこたえる家でした。私たちが最後だから好きに使っていいよと言われて、畳をはずして板の間を作ったり、内装工事をみんなでやりました。

開室時間は月曜から金曜の一〇時〜一五時としました。私はもちろん日中働いているので、そうそう出られないため、部屋を管理してくれる人を主（ぬし）と名付け、交代制で開室しました。そこで生まれてきたのが、フリースクールと語らいの集いの二つの部門でした。

はじめからフリースクールを作ろうと思ったわけではないのです。昼間に開けていたら、学校へ行くことに戸惑う子どもたちが集まるようになったのです。それで、自分たちがいることを認めてもらいたいと、子どもたちが言い始めたので、それで応援しようということで、岩見沢市の教育委員会や道教委に頼んで、フリースクールとして認めてもらいました。

主としてボランティアのスタッフになってくれた人たちは、教育大の学生や主婦、七十歳のおじいちゃんやおばあちゃんのほか、保険の外交員や会社の経営者とか、さまざまな職種の方が手伝ってくださいました。勉強を教えるわけではありませんが、勉強したいという子が英語をやり始めると手伝います。「じゃ私もやるわ」と七十歳のおばあちゃんが英語を教えるつもりで言ったら、いつの間にか教わっているという状況が起こったりします。

一つだけ決めていることがありました。それは、毎日一緒にお昼ご飯を食べようということです。フリースペースのほうで白米を提供するから、おかずを一人二〇〇円以内で作りましょうということで、けっこういいものが食べることができました。あとは、そのときのスタッフの人たちのやりたいことに合わせて、いろいろなイベントを行いました。

もう一つの部門は、語らいの集いという、月一回の食べ物飲み物持ち寄りの宴会をやりました。これはポテンシャル機能を作る上で、すごくいい方法だということがわかりました。ここに集まるのは金曜日の夜なので、子どもたちや家族も参加できました。また来るのは、学生や学校の先生たちばかりでなく、農家のおじさんやラーメン屋の店主や市長さんが来てくれたこともありますし、お母さんたちも来てくれるし、本当に多様な方々が参加してくれました。そして毎月ゲストを呼んで、お話をしていただき、子どもたちも聞いたり聞かなかったりするという集まりでした。これらの人たちが応援団になってくれるのです。

こういう実践を続けてきて、いろいろな発想が生まれました。たとえば、子どもが不登校になっているあるお母さんがいました。このお母さんはいろいろな相談機関に行くと、過保護だと叱られるので、そのたびに傷ついて、私の所へいらした方です。確かに少し干渉的なのです。でも、フリースペースの他の子どもにも同じことをしてくれるので、子どもたちから喜ばれるし感謝されます。つまり、自分の子どもは自分で見ないで、隣の子どもの面倒を見るのです。そうすると、いいお母さんだとほめられるのです。そして皆が隣の子の面倒を見ていくと、ぐるりまわって自分の子どもを隣の人が見てくれるようになるわけですね。

お互いさまの臨床モデル

これを私は「お互いさまの臨床モデル」と名付けたのですが、このようにすると、みんなが気持ちよく楽しく、また家に帰ると、親子で違った経験をしたので「今日はああだった、こうだった」と話題にもなるわけです。このモデルの特徴は、誰が援助をしていて、誰が援助を受けているのか、わからないところです。つまり、サポートしている人も、そこで救われているのです。私もそうです。ユリーカに行くと、ほっとするのです。なんとなくそういう形のサポートモデルができました。

もう一つ学んだのは、大人としてこうあるべきだという議論よりも、とりあえず楽しんでいると子どもは元気になってくるということです。語らいの集いというのは、みんなでお酒を飲んだりご飯を食べたりして、大人は大人たちでゲラゲラ笑って、子どもは子どもたちでやっています。子どもたちが「仲間に入れて」と言うと、「いやだよ」と言っていますが、大人は大人で楽しんでいると、子どもも楽しくなってくるのですね。つまり、大人にとって安心できる場所というのが、実は子どものパフォーマンスをよくする上でも大事なのだということが、実践の上で見えてきました。

もう一つあります。最初は、何事もパーフェクトにやらないと物事はうまくいかないのではないか、と思っていましたが、できないことが多くて困っていると、誰かフォローしてくれる人が出てくるのですね。つまり不完全だと、いろいろな広がりが生まれて、いろいろな動きが起こってくるのだということがわかりました。

いいことばかりではなく課題も見えてきました。常にダイナミックであることの大変さです。私は、フリースペースを運営していくのは玉乗りに似ていると思っています。常にどこかバランスとりながらずっと足を動かしているような感じでした。だから一回さぼると、大失敗をしたり、トラブルが起こったりするのです。常にダイナミックで、どこか動いていないといけない状態というのは、本当に大変なのだということがわかりました。たとえば、慢性的なマンパワー不足と、経済的な不安です。赤い羽根の共同募金から援助をいただき、あとは賛助会費と子どもたちが来ると一日五〇〇円ずつもらっていましたが、ほとんど赤字の状況でした。そして大変だったのは、始めることはけっこう勢いでできるのですが、終わり方は難しいということです。終わり方について書いてある本は、何一つないのです。

次は転です。今度は少し観点を変えていこうと思います。私は以上の経験に基づいて、全国でいろいろな子育てや教育、心理にかかわるようなユニークな活動をしている実践家の方々に会いに行く、というプロジェクトを立ち上げました。私がフリースペースをやった実践の経験には、何かエッセンス、大事なことがあるのではないかと思ったので、それを確かめたかったのです。もう一つは、私がわかることはわずかなので、もっと新しいヒントや発想を得たいと思いました。

私が岩見沢の教育大学にいたころの修了生で、臨床心理士になった人たちにも協力してもらい一緒にフィールド調査を行いました。地域でクリエイティブな活動をしている人たちというのは、臨床心理士の人は少なく、普通のお母さんやお父さん、あるいは全然違う分野の方々なのです。こうした方を探して、会いに行くことにしました。そして、臨床心理学の教育や訓練を受けていないけれども、おもしろい活動をしている地域実践家の人に継続的にインタビューしています。

たとえば広島で子育てのＮＰＯを立ち上げた小笠原さんという女性です。もともと親子劇場を母体として始めたのですが、いつの間にか理事長にさせられてしまって、がんばってやっているとおっしゃる方です。それから、「鹿児島で平野と同じようなことをやっている人がいるよ」と鹿児島大学の人から教えてもらい、麻姑の手村というフリースクールに行ってきました。引きこもりから回復してきた若者たちがスタッフになって働き、引きこもりの人たちを、みんなで支えていくというシステム作りをしています。元教員の卓間さんがやってらっしゃるのですが、その方にお話を聞きに行きました。その他にも、金沢で二四時間子ども電話を運営している女性とか、和歌山の田辺市で自分で「そらまめネット」というものを作って、子どもサポートセンターをＮＰＯとして立ち上げている女性とか、そういう方々にお話を聞きに行きました。一回ではなく二回、三回と行くことにしました。

実践家の特徴

そこから見えてきた実践家の人たちの特徴があるのです。たとえば、シンデレラモデルと名付けているものがあります。シンデレラは虐待を受けていた子どもがマジカルな力を借りて王子様をゲットしたという話です。これは変身物語と言われるものですが、たぶんこれはゴールの「幸せになりましたとさ」からさかのぼっていくと、一筋のお話になるのです。ところが、実践というのは今から始めていきますから、次のような別のお話の可能性もあったのではと思うのです。

たとえば、シンデレラがまだカボチャの馬車に乗る前に、児童相談所の人が来たかもしれないのです。「シンデレラさんが虐待を受けていると通報を受けたのですが、どうですか」と訊かれ、お母さんや姉妹は「知らない」と言います。ここで彼女は「私は虐待を受けています。助けてください」と言ったら、またまったく異なる新しいストーリーが生まれてきたかもしれないのです。ところが、そのとき彼女は「助けてください」と言えなかったのでお話にならなかったのです。

あるとき男の人が道端に倒れていて、お母さんが「いい男だわ」と家に連れていき、シンデレラに「あなたが面倒を見なさい。目が覚めたら、娘たちを会わせるのよ」と言って出ていきました。一生懸命に介抱され目が覚めた男が、シンデレラを見て「僕と一緒に逃げよう」と言ったかもしれません。ここでその男性と逃げていったら、幸せな人生があったかもしれませんが、そのときさし出された彼の手を握れなかったのかもしれません。こういう話は、シンデレラには書いていないですよね。なぜかというと、これはお話にならなかったからです。

実践展開は非漸進的に進む

つまり多くの実践は、計画的に直線的に仮説検証的に進むわけではなく、いろいろな出来事がある中で、たまたまつかんだもので先に進んで行くようなのです。この方々にインタビューすると、とりあえず何をしたらいいかわからないから、片っ端からノックしていったというのです。「こっちへおいでよ」と言う人がいたので、行ってみた。そうしたらこんなことが起こった。また行き詰まったら、「おい、こっちだよ」と言われたので、こっちへ行った。自分としては、なんとなく方向としては間違っていないという感じでやっていますが、最初から計画して今ここにいるわけではありませんと、皆さんがおっしゃるのです。それは私の感覚と一緒でした。これを学問風にいうと、「実践展開は非漸進的に進む」と言えるわけです。

もう一つ実践というのは、冷静に揺らがずに進むわけではないということが、話を聞いてよくわかりました。どの方も「私はこういう方向に行きたい」という使命を持って、実践に入っていくのです。しかし、そのゴールに向かって真っすぐ近道を通ろうと考えるよりも、どうしたらいいかわからない時期と、「これだ」と思って熱くなって動く時期、そういうホットな時期と「どうしよう」と試行錯誤している時期が交代しながら、実践を進めているということです。

偶然を期待する態度

私がとても感銘したのは、偶然を期待する態度です。偶然の出会いとか思わぬアクシデントは、実践の大きな転回点となるということです。しかしこれは、いいことばかりではなく危機になる場合もあります。でもこうした偶然のことやアクシデントが起こるということがわかってくると、それを期待するようになるのです。とりあえずやっていくと、何か壁にぶつかるからそのとき考えよう、となってくるのです。まだ十分準備ができていないけれども、そのときに誰か出てくるから、とりあえずやってみないか、という感じで彼らはやるのです。そうすると、不安や戸惑いも楽観するようになるのです。「不安が起こってもいい」「戸惑うのもしょうがないか」というように、むしろ楽観して捉えるから、はたから聞いていると楽しそうに聞こえるのです。「ちっとも楽しくはない。不安で苦しくて、でもそれもいいかな」というところがあるようです。

他にもそういう実践家の人たちと会うと、今まで私が大学で学んできたような論理的に物事を進めるとか、こういう時期が来たら次にこういう時期が来てこうなる、というような話とは違う実践の性質というものに、体験的に気づくようになりました。

臨床心理士の人たちは、いろいろな実践の現場に出るようになりました。心理療法、面接室でじっくりカウンセリングをするという実践ができる人たちはわずかです。今はむしろ現場に出ていって、子どもたちと一緒に汗をかいたり、涙を流したり、笑ったりしながら、一生懸命働いています。そうしていくと、臨床心理士の人たちは、勉強したこととの間のギャップを感じるのです。つまり「私はこんなことをしていていいのだろうか。臨床心理士とは一体何だろうか」と迷い始めるのです。これまで実践の場所が日常に近く複雑だから迷ったり考えたりするようになるのだ、という理解のされ方がありました。しかし、戸惑いや不安は実は実践にはなくてはならないものなのではないか、ということがわかってきたのです。迷わないで全部わかってしまう実践などありはしないということです。だから、私はフリースペースをやっていて苦しくなったり、心理療法の中でも戸惑ったり不安を感じますが、彼らと出会って「これがなくなったら、たぶん実践ではないのだろう」とひきうけられるようになったわけです。

実は今私が話してきたことは、オリジナリティがあるわけではないのです。たとえば、村瀬嘉代子先生は「時と所に適う支えを治療過程に応じて用意していきましょう」とおっしゃっています。統合的な臨床的アプローチについて、村瀬先生はたくさんの本を書かれています。私は村瀬先生と出会う前にこれを読んで、最初は「これは村瀬先生だからできるのだ」と思ったのですが、「僕は村瀬先生のようにはできないが、僕なりにやれる方法がきっとあるのだ」ということを感じるようになりました。

さて、起承転結の結です。一九七六年の河合隼雄先生の論文に「事例研究の意義と問題点」があります。私は大学院にいたときにこれを読んで、臨床心理学とはなんてかっこいいのだと思い、それが勉強しようと思ったきっかけになりました。この論文の中に「臨床心理学は『第三の道』を行くのだ」と書いてありました。理論に合わせて実践をしていく道、科学に頼りながら実践をやっていく道があるが、どちらも取りたくないというのです。第三の道を僕たちは行きましょう、それは曖昧でわかりにくい道だけれども、どちらにも頼り過ぎないで、実践に忠実に生きていきましょう、というような論文だったと思います。だから、臨床心理学は大人の仕事だというのです。実践の学問だから大学や大学院では学べないのだというのです。ところが今、大学院で学べるものになってしまったところで、いろいろ考えなければいけないことが起こっていると思うのです。

このように自分で確かめて模索していくという作業、自分のことばで実践ということを話していく作業が、私にとっての対人援助の本質をつかむトレーニングとして大事なのではないかと思っています。最後に私が目指す臨床心理士像を紹介して終わりたいと思います。

皆さんは『MASTERキートン』という漫画を知っていますか。普段はパッとしない大学講師ですが、実はサバイバルの専門家というもう一つの顔をもつ平賀太一が主人公です。保険調査というフィールドに出ての仕事中で、いろんな危機や困難に出会います。そのたびに、専門的知識と多くの現場で培った経験と咄嗟の機転で、その場にある様々な資源を使って、危機や難題を解決していくのです。私が実践し、研究するのも、確かな臨床心理学の知識と技術をもち、面接室から学校やフリースクール、刑務所、地域の活動まで、その現場にある資源を活かして発想しアクションする「ローカルな臨床心理学」なのです。

◆稲田——ありがとうございました。それでは、これから対談に移ります。村瀬先生の実践とつながるところが、たくさんあるのかなと思いながら、聞かせていただきましたが、村瀬先生よろしくお願いいたします。

◆村瀬――本当に現実の中にいきいきと生きて、そして考え抜いていらっしゃる。私は、やはり臨床の実践の中から理論や方法は抽出されるべきだといつも思っているのですが、まさにそのお話を楽しく聞かせていただき、ありがとうございました。現実と裏打ちしあって、しかもそこにユーモアがある。でも本当は、先生はすごくご苦労されているのですよね。経済の問題とか。そういうことを苦労話とされず、サラリとおっしゃいましたが、これは実は大変な実践力があるから、おやりになれていることなのです。

フロアの皆さんのお気持ちをくみながら、それを代弁する形で対談させていただくのが役割だと思います。でも、今日のようなお話を聞かれた方の中には、やはり是非自分が直に聞いてみたい、質問したいと思う方がいらっしゃると思うので、短く要約した形で感想とか質問とか最初に受けたいと思いますが、いかがでしょうか。こういうトークも、定型でいくよりはシンデレラスタイルでいきたいと思ったのですが。

◆平野――いいですね。

◆質問――臨床心理学を学んでいる大学院生です。平野先生のお話を聞いて、お酒の話ですとか、ちょっとエッチな話ですとか、最後の漫画の引用など、すごく幅のあるお話をされるなと思ったのですが、臨床の実践だけでなく、日頃の生活から意識されていることなどは何かありますか。

◆平野――私はいろいろなことに興味があるのです。でも、やはり臨床心理学が基礎にあるところでの関心だと私は思います。たとえば、この間、野鳥友の会の方と森でばったり会って、鳥が見える方法について聞いたのです。札幌は、たくさんの種類の鳥が飛んでいるそうです。先生、知っていますか。

◆村瀬――これだけ緑も多いですし、これだけ大きな街の中に北大植物園をはじめとして、ちょっとした繁みがたくさんありますね。

◆平野――そうなのです。札幌の鳥はカッコウですよね。カッコウも鳴くし、ほかにも何十種類といるのだそうです。私なんか、スズメとカラスぐらいしかわからなかったので。

◆村瀬――それは（東京の）杉並区だから。

◆平野――そうですね。それで聞いたのです。どうやったら見えるようになるのですかと。そうしたら、まずは興味を持つことだというのです。次は、一生懸命に見ることだそうです。そのときのポイントは、基準鳥という基準となる鳥のサイズを覚えておいて、それより大きいか小さいかを判断するといいと。でも、もっといいのは、スーパーバイザー、野鳥友の会の先輩に付いてもらうといい、というのです。それが三つ目です。

その次は何をするかというと、最初は一生懸命見ようとする時期があって、電信柱にぶつかったりころんだりするそうです。でも、それでも一生懸命見ていくと、あるとき視点がぐるっと変わるのだそうです。どういうことかというと、自分の目の中に鳥が飛び込むようになるそうです。私たちの仕事もそんな感じではないですか。

◆村瀬――まさに、おっしゃる通りだと思います。

◆平野――私は、何でもそのように考えてしまうのです。こじつけのようなことも多分にあって、時々叱られるのですが。でも何か自分に基準になるものがあって、必死にそれに沿ってみていくうちに、臨床は楽しくなってくるのかなと思います。すると、それぞれの点だった知識が星座みたいになってきて、いろいろなことが数珠つなぎで見えてくるようになるというか……。

◆村瀬――そうですね。それから、最初は音楽にあまり関心がおありではなかったのに、ピアノを弾けるよう、さらに、ギターも弾けるようになり、他の人の演奏を聞いていても、味わい深く聞くことができるようになられたでしょう。

◆平野――音楽は好きだったのですが、下手だったのです。

◆村瀬――ごめんなさい。

◆平野――バンドをやっていたときもありましたから少しはできたのですが、でもやはり実際自分でやってみると、向こうの人たちがどういう感じでやっているかが少しわかるようになったり、追体験できるというか。結局、人に関心があるというのが、やはり中心になってくるのですかね。

さまざまなものに関心を向ける

◆村瀬――どんなことに対しても生き生きと関心を向けている、ということでしょうか。そして、普段どうしても物事を勉強するという意識が勝っていると、自分に引き付けて対象を見たり、見た結果をすぐ意味づけたり、分析的になろうとしますね。けれども、ずっとカッコウを見続けていると、いつか鳥が目の中に入ってくるというのは、自分というものを一回カッコウに入れて、本当に鳥のほうにエネルギーを向けるわけですね。固定化した自分中心というものをちょっと離れるぐらいにすると、逆に鳥のほうから、見ている人に入ってくるということかなと思ったのです。

◆平野――なるほど。その辺の体験の仕方について、私は、それこそ今の村瀬先生の表現はすごいなと思うのですが。

◆村瀬――人の気持ちがわかるというのは、そういうことではないでしょうか。たとえば、この方がこうだというのは、こういう境遇に置かれて、こんなふうに振る舞うのはどうだろうかと、すごく想像しますよね。自分で追体験するように、その人にはなれませんが、なるべくなろうと思って想像しているうちに、だんだん体感覚として感じられてくる。おなかが空いているのに食事も与えられなくて、すごくつらいことばかり浴びせられる、誰も救ってくれないというようなとき、自分の中にこれまで思ってもみなかった単なる空腹感とは違う、屈辱や怒りなどがぐしゃぐしゃになって起きてきて、「ああ、この子が長く味わっていた思いはこれかな」というような想像が起き、少しその人に近づける。すると、やっと相手がほんのちょっとだけ話をするとか。違いますか。

◆平野――なるほど。私はなかなか臨床心理士友の会までにはまだ行かない感じです。私は、非行の子どもたちとか、私の生まれや育ちとは境遇の違う人たちと会うことが多いので、そのときにどれだけ彼らの世界を、私の基準で考えるのではなく、向こう側の基準で理解しようするかが、すごく大きいことだと思います。

◆村瀬――どれだけ自分を失わないで、相手の基準になるべく沿うように相手の土俵に乗って、相手の土俵から世界を見たり自分を考えることを、よく何か一言でまとめて書いてありますが……。

◆平野――「共感する」とか、ですね。

◆村瀬――そう、あのことばはあまりピンと来ない。

◆平野――私も嫌なのです。どうも苦手です。

◆村瀬――さて、今日お話ししていただいたことに入っていきますと、初め学校ではバリバリの精神分析を習っていらしたわけですよね。

◆平野――私は教わり下手なので、バリバリ教えていただいたのですが、あまりバリバリとは自分の中にしみ込まなかったかもしれません。

◆村瀬――私は、ものはまずひとたびは素直に学ぶ。しかし、これが本当に完全な真理かと眉に唾をつけるというのは、すごく大事なことだと思うのです。それがあったから、初めにお話しになったプレイセラピーで出会った子どもの変化を「これは何だろうか。ここに関与している要因は何だろうか」と思い、習ったいろいろな理論で、宗教の教義を覚えて「誰それはこう言った。その教えで行く」というようにならなかった。それで、ちゃんと研究と実践が裏打ちし合う臨床心理学をやろう、となられたのだと思いましたが。

◆平野――その通りです。でも私がそのとき思ったのは、バリバリの先生たちほど、そのように考えられるということです。つまり、私にとっては、馬場禮子先生がそのとき直接指導してくださった先生ですが、小此木啓吾先生もそうだし、小倉清先生もそうだし、近藤章久先生もそうですが、本物の先生たちほど、村瀬先生と同じように、おっしゃるのです。

◆村瀬――本当に人にかかわって、そこに責任を感じるということは、ことばは違ってもそこで起きている現象に対しては、そうであるべきだと思いますね。

◆平野――本当にそうなのです。

臨床はその人の実態に即応していく

◆村瀬――宗教と、生きる上で苦しんでいたり生きにくいと思っている方に援助していくことが、どこか似ているようでも違うのは、臨床はその人の実態に即応していく、宗教は、非常にグローバルなある種の本質を「これが本質だから、人であるならば、これを大事にしなさい」と分かち与えていく。そこが違うところですから。

◆平野――そうですね。

◆村瀬――方法論は違っても、本当に臨床をしていれば、先ほどからお話ししているようなことに、現象はなっているはずだと思います。

◆平野――私は、大学院生のころ集中講義で村瀬先生に最初お会いしたときには、正直言って村瀬先生のなさっていることは宇宙人に見えていたのです。ところが、最近「もしかしたら村瀬先生もこんな感じで苦しんでいらしたかもしれない」とか、「こんなことで迷っていたらおもしろいのにな」とか、たぶんそうだろうと思うことがいくつかあります。やはり実践しないとわからないこと、先ほどは想像の話でしたが、想像だけでは追いつけないことがあるように思います。

◆村瀬――いわゆる部屋の中で、決められた時間といろいろな枠がきっちりあるところで会うというのも、もちろん非常に責任のある大変なことですが、スライドを見ていると、「ああいいな、ああいう一軒家。北海道ならば、ああいうのが見つかるな」と気楽に思います。でも、あのようなものを借りて、先生は一応責任者でいらしたわけですから、夜も し病人がでたらどうするかとか、何か事件があったらどうするかとか、本当はすごく責任のあることですよね。そういうことを先に考えると何もできなくなるわけですけれども、まったくそういうリアリティのセンスなしに走ってみましょうということはないはずです。

たとえばことばの上だけで聞いて、では何でも思ったらやればいいかというと、先ほどのシンデレラは、行為をしてみたら結果としてストーリーだと、そうであるには違いはないのです。でも、やはりあれだけの一軒家を借りて維持していくときには、コストパフォーマンスをどうしようか。急に経済的に行き詰まったからといって、明日からガタンと下がることはいけないので、どのようにやっていこうか。しかも、あそこに行くとやはり楽しくて、そこに何か生きる希望とか意味が感じられるような共有空間を用意したい。でも、いかにも計算して考えているという顔はしないで、さりげなくやりたい。そうですよね。それは実は大変なことですね。それをされていたのですよね。

◆平野――でも本当に、それを計算していたかというと、計算していた部分もありますが……。

◆村瀬――七割ぐらいの計算だと思うのです。

◆平野――三割ぐらいの計算ではないかな。

◆村瀬――これは、あまりきちんと十割したら、何もできないと思うのです。

◆平野――そうですね。それにおもしろくない。

◆村瀬――冷静に考えると、とてもリスクが多いことですから、心配ですけれども、三割ですか。

◆平野――なぜかというと、始めたのは私ですけれども、実際は支えてもらった部分のほうが大きいのです。結局いろいろな人たちが興味を持ってサポートしてくださり、一応僕が責任者ということになっていますが、ユリーカを閉じてもみんなで集まって活動するのです。反対にそこに私を招いてくれたりするのです。そうなってくると、どちらがどちらに救われているのか、さっぱりわからない状態に今私はおちいっているのです。

殻から出て身を晒し身を挺する

◆村瀬――名前をはっきり思い出せないのですが、十勝にも、学校の先生をしていらした方が、居場所のない生徒とか引きこもっている子どものために、ご父兄の方と一緒にあのような家を借りて運営していらっしゃる。そこを訪ねたこともあるのですが、こういうこともあるでしょうか。基本的に純粋な本当に誰かの役に立てばという、妙な私利私欲がかかわらないで始めることは、ぎりぎりだけれども、それなりに世の中は人の善意にどこか気づいていて、理解したり、支えてくれる。わかろうとする人も現れてくるということで、こういうことをやってみると、案外人が信じられるようになりませんか。

◆平野――本当にそうですね。今世の中は、どんどん不信感ベースに物事が進んでいるではないですか。携帯電話などはその象徴だと思うのですが、目の前でメールをチェックしている人のメールは気になるけれども、絶対に見てはいけないものですよね。何か裏があるのではないかと思うかもしれないし。こういう中で、ユリーカというフリースペースをやっていて感じるのは、意外とみんな信頼できる人たちなのですよ。本当に信頼できるということが、ことばでなく体験として味わえると思います。

◆村瀬――そしてもう一つは、たとえば面接室の中にいるという、非常に守られた条件にあるときは、言ってみればヤドカリに殻があるという形ですけれども、あのようなアプローチは殻から出ていますよね。そうすると、そういう人に出会っているときは、人の中にあるどこか普段は眠っているような自分のものを少し分かち合おうとか、人をいい面から理解してみようという、平素の自分を守ることを第一にしているようなことが優先している空気の強い時代でも、眠っている何かが引き出される。あのような活動はかかわっているうちに、出会った人たちの中の、そのように分かち合おうというものが引き出され、苦労もあるけれども、少しずつ自分のどこかいいところが働き出すと気持ちがよくなって、みんなが一緒に変わっていくという感じがしませんか。

◆**平野**——すごくします。お昼ご飯を食べるというのは、こんなに強い効果を起こすことなのかとびっくりしました。シェアをするというか、分け合うことは原始的で非常にベーシックだけれども、私たちも忘れがちな共有体験を食べ物を通じてするというのは、人との強い結びつきの体験につながるのだなと感じました。また、そこに自分が居合わすことのありがたさを本当に強く感じました。

◆**村瀬**——ですから先ほどのお話の中で、自分が何かをしているだけでなく、自分はそれを通して学んだり変えられているという趣旨のことをおっしゃいましたが、ある意味典型的な方法論からは、「枠をはずれ、かなりリスクを伴っている」と言われても、ぎりぎりここぐらいならば大きな事故などなしに何とかやれるのではないかと暗黙のうちに見定めて、ちょっと殻から出て身を晒し身を挺すると、人の善意というのは、眠っていたものが呼び覚まされるように思いますが。

◆**平野**——そうだと思いますね。私の中もそうかもしれません。

◆**村瀬**——平成二年のことで、もうずいぶん前ですが、断続的に今日まで続けております社会的養護児童を家に招くことを最初やろうと思ったときに、先輩の方やお友だちに相談してみたのです。そうすると、どなたも賛成なさらなかったのですね。「子どもは、施設に帰りたくないと言い出すに違いない」とか、「ひょっとして気がついたら、あなたの家の何かがなくなっているかもしれない」とか、「現実として違う生活を短い時間味わうことによって、もっと不幸感が募るに違いない」とか、誰も「やってみたら」とは言われませんでした。でも私は、本当にそうかな、やってみて考えてもいいのではないかと思ったのです。

それで今日まで、同じ人がずいぶん繰り返し来られていますので、延べ人数にして子どもたちは三〇人ちょっとだと思うのですが、一人もそんなことがありません。むしろそのことが契機で、初めて自分の思ったことを文章に書く、そのお礼の手紙を書くことから文を書くようになる。どこにも行ったことがなくて、学校でもみんなの「親戚に呼ばれた」とか「旅行した」といった話の中にいつも入れなかった子が、主人は亡くなりましたが、「村瀬孝雄さんと何をした」と話す。小学生はそんなことは何も知りませんので、「お前、何言っているのだ、村瀬孝雄さんなんて」と言われる。でも、その子はいじめられたりしたときに「村瀬孝雄さんに言い付けてやる!」と叫ぶとか。

そのように大人の周りの方が危惧されたことはなく、私はもっと人の気持ちは信じていいということを、この経験を通して再確認しました。ちょっと思い切ってやっただけのことなのに、私のほうがよりたくさん教えられたり、人のいろいろな力に出会って、本当にありがたいと思ってきました。楽天的ではないですが、少し明るくなれたような気がします。

◆**平野**――なるほど。でも、それは絶対私たちにはできないですね。

◆村瀬――どうしてですか。

◆平野――いや、できないことはないです。やってもいいとは思いますが、私が思うのは、その方法はたぶん誰でもできる方法ではなく、その人らしさが見えてきてしまう方法のような気がするのです。

◆村瀬――私は、誰でもできると思いますよ。

◆平野――いや、できますよ。でも、たぶん私がやったら、その子たちは喜んで私の家にある物を持って行くと思いますね。

◆村瀬――どうして、そんなことはあり得ません。

◆平野――いや、持って行くと思います。持って行って、持って行ったことについて、私はたぶんその子とやり合うことが期待されるのだと思うのです。

◆村瀬――やり合うことを通して学ぶということ。

◆平野――私がフリースペースをやってみて、私のやり方はたぶんそうなってくると思うのです。

◆村瀬――そうですか。

◆平野――私は、村瀬先生のところから何か持って来ることはできないですもの。

◆村瀬――どうして。

◆平野――知恵という意味では、たくさんもらっているのですけれども。私は村瀬先生の真似はできませんが、私らしさが出ることはあるのかもしれないと思ったのです。

◆村瀬――物を持って行くとおっしゃいましたが、プレイセラピーをしているときに、黙って野球のボールを持って行ってしまったというのは、あるのです。それで「袋に入れたな」と思ったのですが、でも全然運動が苦手で人と一緒にやれなかった子が私とだったらやれて、自分でも「このようにやれた。もっと上手になるかもしれない。また人ともやりとりしたい」という一つの何か……。

◆平野――メッセージとして。

◆村瀬――それを持って行くのであれば、それを単に「盗んだ」ということばに置き換えるよりは。いや、持って行かれるときもあるのです。

◆平野――あるのではないですか、やっぱり。だんだんわかってきました。だから、そう思うのですよ。盗むというのとは、ちょっと違いますよね。現象としては盗むことだけれども、さっきの散らかす子どもと一緒ですよね。

◆村瀬――そのことから考えてみると、普通のことばで「盗む」とか何か一義的に言われていることばも、どうしてかなと思うと、それは意外に広がりがあって、生産的な意味があります。私たちは、非常識になってエキセントリックな人になってしまってはいけませんが、きわどいところまで常識を緩めて、いろいろな角度からものを考えることが非常に大事だと、今日のお話を伺って思いました。

◆平野――いやむしろ、その辺のところを私は、それこそ先輩である臨床心理士の大先生の方々から盗むのではなく、持って行かせてもらいたいと思います。

◆村瀬――でも、それにしても、今日もちらりと柔かく批判をおっしゃいましたが。

◆平野――うそ！　村瀬先生とお話をすると、結局こういうことになる。

◆村瀬――おっしゃいましたよ。日本の臨床心理学……。

◆平野――ああ、それははっきりと言いました。

◆村瀬――本当におっしゃる通りですよね。私もかねがねそれは思っていて。

◆平野――おもしろくないのです。

◆村瀬――はっきり大御所から「あなたは臨床心理学の枠からはずれているから」と、本当に学会の広い部屋で言われたことがあるのです。枠というものがそもそも何かというと、そんなに固いものではなく、いろいろな要因によって、いくらでも広く深くなるものなので、議論が非常に相対的になるのですが、今日、日本の臨床心理学は何か非常にグローバルなものが正しいというように思っているのが不満だとおっしゃったのは、まさしくそうで、あまりグローバルにだけこだわっていたら、そもそも臨床というのは個々の人間を大事にするところに意味があるのに、みんなが何か丸首シャツのユニクロの服を着ているようなものですよね。

◆平野――まったくその通りですね。

◆村瀬――それはやはり、人を大事にすることとは思えないし、そういう意味でローカルというのはとても大事だと思うのです。

◆平野――お墨付きをいただいてよかった。

質のいい普遍性

◆村瀬――でも、よくローカルとグローバルを二極分化したようにとらえますが、質のいいローカルはグローバルに支えられているのではないでしょうか。

◆平野――グローカルというやつですか。グローカルということばが最近あるのです。

◆村瀬――もっと普通の日本語でいうと、質のいい普遍性です。

◆平野――その質がどこで測られるかというと、たぶんローカル、実践の中で測られるということですよね。

◆村瀬――いいものというのは、本来は多くの人に受け入れられるはずのものである。そういう意味で、ある基準のものは多くの人に受け入れられて量的なサポートを得るし、あまりエキセントリックなものは非常に特異な人にしか通用しませんから、大本のところのだいたい多くの人に受け入れられ、大きくはずれないスタンダードは何かを知った上で、それをその人に合わせて、いかに個別的にもう一回デザインし直すかがローカルだとしたら、やはり……。

◆平野――そうですね。何も臨床心理学などグローバルなものは勉強しなくてよくて、体一つでやればいいという話では全然ないのです。ただ私は、方法自体はその場で作っていくものなので、方法そのものはグローバルであることはないと思うのです。その中で本当に必要なものは何だろうかと、もう一回臨床心理学は考えなければいけないし、村瀬先生は臨床心理士っぽくないので、枠をはずれていらっしゃると人から言われると今おっしゃいましたが、その「枠からはずれている」と言っている人たちは、たぶん今私がやっている実践はやったことがない方々だと思うのですよ。今私たちが臨床心理士として招かれ実践しなければいけない場所で、経験を持っていない方々は、村瀬先生のやっていることを見て「それは臨床心理学の枠を超えている」とおっしゃるかもしれません。ところが、私たちから見ると、村瀬先生がやっていらっしゃることは、今私たちがやり模索しなければいけないことの、道を作ってくださっている立場にいらっしゃるのですよ。

◆村瀬――そんな、作るなんて大げさではありませんけれども。一言で言うと、田んぼに入って、草かきしている。お座敷で考えているのではなく、田んぼで草取りをしながら考えている。

◆平野——ああ、そういう感じですね。実際に汗を流して。私なども完全にそういう感じです。私は、それがローカルということだと思うのですが。

◆村瀬——もう一つ、いくらグローバルとか言っても、ある理論や方法を使うときには、どう考えても、人によって違うのですね。たとえば、この筆記具は誰が持っても変わらないと思いますが、プレイセラピーと一言で言っても、やはりその人その人によって違いますでしょう。早い話が今のプレゼンテーションをいいアイデアだと思って、私が最後の漫画を映して「MASTERキートンになりたい」と言ったら、不思議な失笑が起きると思うのです。同じストーリーでも、もうちょっと他のキャラクターを選んだほうが、訴えたい人にはいいかと。

◆平野——そうですね。

◆村瀬——本当は、すべてそういうものなのです。なのに、そこの人の要素をあまり考えないのが、私は学問として不思議なことだとずっと思っているのです。

◆平野——生意気なことを言っていいですか。だから私は、軽度発達障害とか発達障害という概念が大嫌いなのです。

◆村瀬——そう思います。でも最近使わなくなってきました。

◆平野——そう、トーンが変わってきたのです。あれほど発達障害と言っていた人たちが、「発達障害という概念はあまり使わないほうがいい」と言い始めたのです。でも、発達障害と名付けられた世代の人たちは今、高等養護学校などに入っています。彼らが幸せになるシステムのためにあの名前を使ってくれたらいいけれども、彼らが名前をつけられなかった人生より可能性を与えられるでしょうか。

◆村瀬――そうですね。

◆平野――だから、それはやはり臨床心理学の人たちが考えないといけない。私は、ボーダーラインという概念も似たところがあると思うのです。

◆村瀬――そうですね。

◆平野――だから、私たちはローカルな観点を常に意識しながら、そういったグローバルなことばを使わないといけません。先ほど、グローバルなことで裏打ちされてローカルがあると考えましたが、逆もありますよね。ローカルなことに裏打ちされているから、グローバルなことばが意味をなしてくるという、お互いを補い合っている関係というか、合わせ鏡みたいなことが。今、いろいろなことがそういう形で起こってきていて、私たちがもう一度臨床心理学とは何だろうと考えさせてもらえる、いいチャンスだとも思っています。生意気ですね。

◆村瀬――いや、そんなことはないです。とても心強く思います。今はやはり大きな転換期だと思います。今おっしゃった、グローバルとローカルということですが、逆に言うといつも頭の中にそれが循環していることが大事だと思うのです。非常にローカルな、この人のためにこれだけにというように、視野狭窄的にスタティックになるのではなく、「今自分はこれに心を込めてエネルギーを注ぎコミットしているけれども、このことは全体状況の中で一体どれくらいの意味があるだろうか」と。いつの間にか心地よさとか発見だと思っていることの快感に酔い痴れて、そこに埋没するのではなく、「これはどういう意味があるか」と、やはり仕事として何かやっているのであれば、少し違った視点からいつもローカルのことを考えるという、この両方のバランスが取れていることが必要かなと思います。

ユーモアを持って生き生きと楽しそうにお話しになりましたけれども、いろいろ起承転結に沿ってなさったことを考えていくと、なかなかスリリングなことなのですよね。決して「こうすればこうなる。たぶん、いつごろにはこうなる」というものではない。これだけ預金すればこうなるというのとは全然違う、スリリングな生活をされてこられましたね。

◆**平野**――玉乗り。

◆**村瀬**――私はお話を聞いて、そういう不確定なものに耐えていける強さがすごく要ると思いました。その強さを持ち続ける原動力は何でしょうか。フロアの方のご質問で、「何がそれを先生をして、なさしめているか」ということでしたが、お仕事と自分の個人としての生き方というのは、どのように循環していると思いますか。

◆**平野**――何か先生から心理療法を受け始めている感じがします。

今、私は四十二歳ですが最近「この仕事は、僕の仕事なのではないか」と思うようになったのですよ。ヤバイと思っているのですが。

◆**村瀬**――それはすばらしい。お幸せなことです。

◆**平野**――ええ、幸せなことだとも思っているのです。あともう一つ、私の基礎になっているのは、院生時代バイクで交通事故を起こして四カ月ぐらい入院していたことがあるのです。小倉先生のところの研修で関東中央病院にいたころで、小倉先生が来てくれて私に一言言ったのです。「これだけ散々迷惑をかけたのだから、少しいいことしろ」と。これがずっと響いているのです。だから、私がこうやってスリリングでいられるのは、きっと今まで支えてくださった人たちがたくさんいて、そういう人たちの支えに対するたぶんお詫びでやっているのだと、どこか思っているのです。

◆**村瀬**――お詫びというか、人の善意を信じることができる。見えないものに価値を見出すことができて、感謝することができる。それで不確定の状況を耐えられるから。シンデレラもきっとそうだったのだと思います。

◆**平野**――本当に、いろいろな先生方に迷惑をかけたのです。先生にもそうですけれども。

◆**村瀬**――狭く臨床心理学だけでなく、人として生きていく大事な指針になるようなことも、今日はお話しくださって本当にありがとうございました。

◆**平野**――いいえ、こちらこそありがとうございました。

◆**稲田**――今日は本当に、ユーモアの中に非常に含蓄のあるというか、中身の詰まった講演、それからご対談をいただきまして、ありがとうございました。

思春期の子どもたちとのかかわりから学んだこと

日本発達障害ネットワーク北海道副代表・旭川市立桜岡中学校教頭
村田　昌俊

まず、簡単に自己紹介をさせていただきます。私が最初に赴任したのは千葉県の市川市です。国立精神・神経センター国府台病院の児童精神科病棟にある、院内学級の中学校の教師として赴任いたしました。当時は不登校のことを「登校拒否」と呼んでいましたが、関東一円、東京、神奈川、埼玉からほぼ毎年八〇人ぐらいの生徒が通ってきていました。当時は登校拒否がかなり注目を浴びていまして、特に中学校では非行の問題、登校拒否の問題、それからさまざまな思春期の子どもたちの病などが話題になった時期でもありました。私は専門的な知識もなく、何もわからずにそこに赴任しました。そこで八年間仕事をさせていただいて、その貴重な体験の中から学んだことが、今中学校の教員、教頭をしていて、非常に役に立っていると思いますので、そのことに触れたいと思います。

正直なことを言いますと、途中で教員を辞めて農業をしようと思い、北海道に戻ってきました。私の子どもに発達障害があり、彼が大人になったときに、彼の働く場が東京にいてはなかなか見つけづらいということもあって、それだったら自ら農業をやろうと、そんな若い父親の思いつきで帰ってきたわけです。そのときに、不登校への取り組みをもう一回やってみないかと声をかけていただいて、旭川で仕事をしました。それ以来、不登校の子どもたちの支援を、旭川でも十一年間続けることができました。

私の長男には自閉症という発達障害がありまして、同じ悩みをもつお父さん、お母さんとともに親の会を立ち上げ、本人活動や保護者支援、障害の理解啓発など様々な活動をしているところです。当初、「ドンマイの会」は高機能広汎性発達障害の親の会ということで立ち上げました。二〇〇〇年にアスペルガー症候群やさまざまなことが注目され始め、私の子も最初は高機能といわれていましたが、そのような中で発達障害の支援の専門家と共に、活動を始めました。最近は、自閉症や高機能広汎性発達障害も含むさまざまな発達障害の親の会と連携して、ＪＤＤネット北海道という名で、同じ悩みをもつ親たちが手を取り合って、専門家や専門機関の方の入会をいただいて活動を進めています。

今日は「対人援助の本質」ということで、前半は私の教員としての不登校を体験した子どもたちとのつきあい。この体験は私にとって本当に貴重な宝のようなものでしたので、その体験を最初にお話しして、後半は子どもとのかかわりや現在進めていることを話したいと思っています。

不登校の子どもたちへの支援

まず不登校（登校拒否）を体験した子どもたちとのかかわりです。国立国府台病院児童精神科病棟の院内学級で、三名の児童精神科の医師、五名のコメディカルスタッフ、臨床心理士を含めたスタッフがいました。看護師もいて、病床は五五、入院児は五〇名程度でした。そこに市川市立第一中学校の、今で言う情緒障害学級が設置され、教員が六名おり、生徒が八〇名という状況でした。

最初に赴任したときは、中学三年生の担任です。何もわからずにとにかく勤め始めました。病棟にいる子どもたちは、入院しながら学校に通ってくるわけです。

最初の試練は子どもたちへの指導や支援がうまくいかないところから始まりました。私が朝の会をしようと学級に行くと、赴任して一日目、二日目は、新しい人はどんな人かなということでけっこう見に来てくれたのですが、三日目ぐらいからは机がガラーンとして、ほとんど誰もいない状態だったのです。これはどうなるのかなと病棟に迎えに行くと、みんなは布団の中ですやすやと寝ている。「おい、起きて勉強しようよ」と誘いに行きますと、「あんたもやっぱりふつうの先生なんだね」と非常に鋭いひと言を浴びてすごすごと学校に戻ってくる。最初はそんなみじめな出だしでした。教師として何かを教えようと力んでいたわけですよね。ただ、若いということを武器に子どもたちと接しようとしていたわけですが、なかなかそれには乗ってきてくれずに、非常につらい出だしでした。初期のころに印象に残っていることばは、「おれたちはどうせ児童精神科の病棟に入院している子どもだぜ、情緒障害学級の生徒だぜ、かけだしのあんたに何ができるんだ」と、そのようなことを言われて、初任教師としてのデビューをしたわけです。

仲良く、付き会うこと

そういうなかで自分は何ができるんだろうと考え、大事なことは、まず子どもと仲良くなろう、付き合おうということで仕事を始めました。しかし、現実には驚くことばかりで、大物がたくさんいまして、私にはとうてい太刀打ちできない出だしだったかなと思います。何をどこから取り組めばいいのかわからず、当時の国府台病院には有名な児童精神科の医者で渡辺位《たかし》先生（故人）という方がいまして、著書もたくさんある方ですが、「村田君、学校というのはレストランみたいなものだから、おいしい料理を出していれば、そのうちにみんな学校に来るようになるよ」と言われました。果たしてこの子たちにとっておいしい料理とは何かと、最初の一、二年は必死に悩んでもがき苦しんでいました。また、駆け出しの頃は仕事の中では大きなギャップを感じていました。医療との関係があったので、医師や看護師、コメディカルの人たちとのかかわりのなかで、使われていることば、専門用語も全然わからずに、ひとつひとつのことばを専門書で探しながら、意味を検証していました。

初めに出会った子どもたちの中には、都内の有名私立中学校出身の生徒がずいぶんいました。一九八〇年代当時の不登校の子どもたちは、優等生の息切れ型の子どもが多かったと思います。また、中学三年生の中には、卒業証書をもらえず、十八歳になって中学の卒業証書をもらうために、来たくなかったのに来たという生徒がいたり、とにかく驚くことが多かったのです。出会った子どもたちの中には、入院してから一回もお父さん、お母さんと会わないで数年間を過ごした子どももいましたし、卒業してもほとんど家に帰らず、家族となかなか折り合えないで過ごしていた子どももいました。

当時、私が出会ったある女の子は家族との面会を拒み続けていて、家から送ってきたものは汚いので触れないと考えて、送金されたお金さえも新しいものに換えてもらって、自分のお小遣いにしていました。中学校を卒業するときに、三者面談でお母さんが来ましたが、お母さんとは全然話をしないし、ほとんど目も合わせずに進路の話をしたのです。近くにいるのに「こう言っておいて」という接し方で、お母さんは涙ながらに本人に伝えるのですが、本人はそれを拒んでしまう。家族と子どもとの関係というのは非常に微妙なものだな、と気づかされた出会いでした。

中学校で留年ということは皆さんは信じられないかと思いますが、その当時は欠席日数が多ければ進級や卒業ができないことがまれにありました。私のクラスは、二〇人中五人ほどが十六歳になって卒業していった子どもたちでした。そのほかに、摂食障害や統合失調症、パーソナリティ障害という診断があった子がいました。それから、マンガや小説に夢中になってほとんど一日中それで過ごしているとか、マンガを描いている子どももおりました。当時はアニメがとてもはやった時期でもありましたので、プロ並みの絵を描いてミニコミ誌に投稿できるような人もいて、なかにはプロの漫画家になった人もいます。そんなユニークな子どもたちにたくさん出会いました。

最初の一年間は手さぐりの連続でした。先生として接しようとすればするほどギクシャクしてコミュニケーションが取れませんでした。私は体育の教員ですので子どもたちと一緒にソフトボールやバスケットや柔道などのスポーツをしてだんだん子どもたちと仲良くなりました。週に一回病棟で柔道をして、そのあと一緒にお風呂に入ってということを繰り返して子どもたちの中に入っていけたと思っています。

当時は、戸塚ヨットスクールが話題になりましたが、三日間は戸塚ヨットスクールにいたけれども、とても耐えられないのでこの病棟に来たとか、ここか戸塚ヨットスクールかどっちに行くのかと言われて、私たちのところに来た生徒もいました。今は適応指導教室やフリースクールなどいっぱいありますが、当時はそういうものがあまりなくて、子どもたちは私たちのところに来るか、または横浜の相談親子学級か栃木県の宇都宮にあった学級に通っていたと思います。私たちの学級は首都圏すべての子どもたちに対応していましたが、各県によって教育システムや入試のかたちが違ったりして、その都度その県庁に行ってさまざまな指導を受けながら、子どもたちの進路を開拓していきました。

数年たつと子どもたちとも少しずつ仲良くなることができました。ある時、学校の屋根の上で先生と生徒が遊んでいて、あとで病院の管理者から呼び出されて怒られたということもありました。小中学校時代に不登校になっていた子どもたちも眠っていた活動性が少しずつ蘇り、おてんばやわんぱくを一緒にやりながら一年間を過ごしていったのです。現在、私のところに勤務している教員が「こんなことをしてもいいですか」と私に言ったら、「はい、いいですよ」とは言えないことをたくさんしていました。大きな声では言えませんが、夜中に山手線一周、みんなで歩いて行こうとか、夜中に釣りに行ったり、子どもたちとつきあい、いろいろなことを一緒にやりました。そんなことで何とか子どもたちと折り合うこともでき、不思議な学校でしたが、そこで八年間勤めることができました。

本当にいつ勉強するんだろうとか、朝の学活には誰もいない、帰りにはたくさんいるということで不思議なところでした。また、学校に行っていない時期が一人ひとり違いましたので、勉強の進度が違いました。足し算、かけ算からやる生徒がいたり、なかには中学校を全部終わった中学二年生がいたり、一人ひとり見事に違う。とても印象に残っているのは毎日何かを作って食べていたことです。秋になると私たちの学級も入試に備え一斉に勉強を始めます。ようやくそのころからみんなが入試に向かい始めて帳尻を合わせていくみたいなところがあって、子どもたちと夜なべをしながら必死に受験勉強をしました。

地域における他機関との連携

学級の行事がとても多く、子どもたちと一緒にいろいろなことをしました。病院の中にはたくさんの銀杏の木がありましたので、木に登って銀杏の実を落として、それを加工して病院のスタッフに売ることで資金稼ぎをしました。それで、旅行に行ったり遠足に行ったり、そのようなことで四苦八苦しながら子どもたちと生活していました。当時は毎日学校に来る子は少なかったので、家庭訪問なども多かったですし、病院の中で一緒に過ごすことも多かったと思います。

医療との連携が必要でしたので、ケース会議や家族会の中でのお母さんたちとのグループセラピーなどもありました。週の始めには必ず申し送りがあって、医師と看護師と私たちが子どもたちの様子を交換することになっていました。医療と教育の両方で仕事につき、そのあと私は学校に戻ったわけですが、医療と教育の中ではシステムが違う。当然、やっている内容も違うのですが、治療と教育の考え方の違いというのは非常に感じました。当時、千葉県はどちらかというと管理的な教育風土があり、少々子どもたちにとっては息苦しそうで、そのことに反応してしまったり、こぼれ落ちてしまった子どもたちも多かったわけですが、アンチ学校というスタンスで生きる子どもたちとつきあっていた私も、いつの間にか洗脳されており、教師としての殻みたいなものをいつの間にかどこかに置き忘れてしまったようで、そのあと学校教育に戻って学校というものを冷静に見たときに、こんなことで本当によいのかと、しみじみ感じながら教員としてその後の仕事を続けていきました。

当時は治療と教育の考え方の根本的な違いを考えさせられました。教育というのは、特に学校というのは、よりよく生きるとか、いろいろな技術やものを学ぶことが目的になるのです。しかし、この八年間で学んだのは、生きることの根幹というか、生きていることがすごく大切なことなのだ、そして生きていくなかで、その人らしさを最大限発揮できることが重要なのだということでした。その人にはその人らしさがあって、それをそこで発揮できる。しかし、何らかの壁があったり環境に恵まれなかったことによって、自分の活動性が押さえつけられてしまって、引きこもったり停滞したり、時には荒れたりということがあります。子どもたちは、人を恨んだり信じられなくなっていながらも、どこかで人を信用しようとしてしがみついてくる。そういうせめぎ合いの中での貴重な教師としての経験だったと思います。

甘えや依存の再体験

治療と教育というところでは、私はあっちに行ったりこっちに行ったりしながら、その中で揺れていましたが、両者には実は多くの共通点はあるのではないかと思います。それは、一人ひとりの発達や成長、その人なりのものを支援、応援するものであることと、両者とも信頼や絆というものなしには成り立たないものだということです。一度傷ついた心や体はなかなか立ち直ることはできません。たとえば多くの子どもたちは大人不信であり、学校という建物や臭いだけでもアレルギー反応を起こしていました。また、欠席によって学業についていけなかったために自己評価を落としとても苦しんでいる。やがて自信を失い、同年齢の人とのかかわりを断ってしまう。生きることに疲れ、自分を見失っていくことがあります。また、先ほどの女の子の例のように、家族との関係を否定したり、「自分なんか生まれてこなければよかった」という思いを持つ。しかしそういう体験を経て、院内学級や児童病棟に来て、「もう一回大人を信じてみよう」、「こんな大人もいるんだな」、「もう一回学校に通ってみよう」、「自分はかなり勉強が遅れているけれども、もう一回勉強をできるところまでやってみよう」、と思い直すのです。また、その学級にいた時の体験で印象に残っていることがあります。それは、親にはできなかった甘えや依存を、医療スタッフやわれわれ教師とともにもう一回取り組んでみて、人はどこまでそこに携わってくれるのか再体験しようという、子どもたちとのやりとりを体験したことです。けっこうエネルギーが必要なことでしたが、この体験は今思い返すとたいへん貴重なものでした。

同年代の子ども同士の関係

　また、子どもたちは大人やスタッフとの関係で力や命を回復しながら、そこからもう一歩踏み出していくという作業があります。自信を失いかけてやめていった同年齢の子どもたちとのかかわりに再チャレンジすることです。私は、思春期の子どもたちはこの時期独特のものがあると思っていまして、特に同年代の子どもたちとのかかわりができるかできないかということは、その人の青年期やその後の人生に大きな影響を及ぼしていくと思います。やや大げさに言うと、それによって本人自身の自己評価が上がったり下がったりするのではないかと思います。

　当時の私の印象ですが、非常にいい子が多かった。優等生で学級委員長や生徒会長で、疲れていたが休むことがなかなかできなかった子どもがポキンと折れてしまうようだ。常に緊張・不安が強い状態が続き、心からリラックスして休むということが、子どもたちはうまくできていなかったような気がしました。だから不登校、学校に行かないことは、彼らにとっては休むことでもあったと思います。しかし、同年齢の人とのかかわりやスタッフとのかかわり、そして勉強が少しずつ回復していく中で、次のステップで高校生活にもう一回再挑戦しようというのが、私たちが出会った子どもたちの中学三年生の卒業間近になった頃の様子でした。一人ひとりがさまざまな悩みや不安を抱えながら学校生活を再開し、遅れている学習を再開しようとし、人間関係の中で傷ついた体験にもう一回挑戦する。相変わらず家族との葛藤は続いていますが、ドクターや私たちスタッフ友人、さまざまな人の力を借りながら、時間をかけてそれを改善していくというプロセスに立ち会うことができました。

医療スタッフの方々と、実際に自分たちのやっていることはどういうことなのか、それは子どもたちにどのように生かされているのか、役に立っているのかということを検証するために、不登校についての追跡調査を行いました。旭川に帰ってきてからも同じように行いましたが、そこでわかったことを簡単にお話しします。

中学生時代に不登校を体験した人の七〇～八〇%ぐらいは、紆余曲折がありながらも社会に復帰していきます。こういうことばが正しいのかどうかわかりませんが、やがて社会の中でたくましく生きていくことになります。しかし、二五%ぐらいの人はなかなかうまくいかず、葛藤が続き青年期に入ってきます。今、つくづく感じることですが、千葉には働くところがけっこうありました。ですから、中学校を卒業しただけの子どもたちも、アルバイトや住み込みの仕事があったので、学校ではうまくいかなかったのですが、社会や仕事先で認められて自分を回復していった例が何例もありました。しかし北海道に戻ってきて、そういう子たちの働く場がなかなか見つからず、居場所が見つからない中で、一歩を踏み出せない子どもたちが、おずおずと家の中に閉じこもってしまうというケースが多いということも経験しました。地方都市・田舎では、なかなか中卒ぐらいの青年が働き居場所を見つけていくのは大変なことです。

引きこもりの子どもたち

そういう状況に多く出会うようになり、引きこもりの支援にかかわるようになりました。当時、二五人ぐらいいた生徒の中で、毎年二、三人の子がなかなかうまくいかない。これを何とかしなければいけないと、旭川に戻ってから先輩教師とともに居場所づくりをやりました。卒業してからの子どもたちがどこでどうやって生きていくかということは大きな課題です。特に十六歳、中学校を卒業して高校年代、そして二十五歳、三十歳に向かうまでの間に、いったん急行列車、快速列車に乗り遅れてしまうと、もう一回電車に乗り直すことがなかなか難しいのが日本の社会のシステムではないか、また、それが学校という装置としての欠点なのではないかと思っていました。敗者復活戦があったり、電車に乗り遅れたら、途中から乗ってもいいではないかと、考えました。また、そういう場がないことが、その人たちが自立を目指すために何ができるかと考えるようになりました。

不登校を体験した子どもたちのうち二五％くらいのうまくいかない子どもたちの様子を見ていると、単に神経症的なことだけが課題ではなくて、ＬＤ的な要素があったり、対人関係、コミュニケーションの面で多くの課題があったりする子どもたちが多かった。そういうことが、これから述べる後半の親の会の活動などと自然とリンクし、今の私の取り組みがあるとご理解いただきたいと思います。

思春期の子どもたちとのかかわりの中で感じたことは、本当に自分が他人から受け入れられる存在なのか、自分は必要とされている人なのかということを子どもたちは確かめていたのかなということです。一人ひとりの状態が違い、家族、学校、人間関係、地域社会等の背景も違う。当然、不登校になったきっかけや理由も違いました。一人ひとりの子どもたちは、それぞれ他者に対する愛情の持ち方や依存、甘えの方法が違いました。ときには、自分が最も大切にされたいという要求をむき出しに、こちらに向かってくることもありました。どこまで甘えていいか、どこまで依存していいか、支援者との関係の中で探っているようなこともありました。ときには攻撃性が依存の裏返しとして出ることもあり、ときには挑発的なことばだったり、好きな対象や振り向いてほしい対象に不遜な感情を出しながら、「見放してもいいぞ」みたいに、こちらを試すようなことがあったように思います。本当だったら、「あんたのこと好きだよ」とか、「一緒に遊ぼうね」とか、素直に言えばいいわけですが、それがうまくできずに、対人関係がうまくいかない体験を何回もしてしまう子どもたちが少なくありません。

さて話は飛びますが北海道に戻り大学院で勉強していたときに、千葉の時に関った六人の卒業生にインタビューをしました。当時、私がかかわった子たち、二〇年以上過ぎていましたので、三十五、六のおじさん、おばさんになった人たちと一人ひとり会って、中学校時代のころを振り返ったり、学校に行かなかったときの自分の心理状態や、親との関係などをインタビューし研究としてまとめました。その中から一例をお話しします。

三十五、六歳になっていましたので、不登校の体験をほとんど拭い去った部分もありましたが、仮に今、幸雄君と名づけます。彼の場合は、中学校を出てすぐに働きました。競走馬の育成牧場に住み込みで働いて、親元をずっと離れて生活をしていました。その子はインタビューの中で、「支援者自身が無理をしている支援は、子供にすぐにわかってしまうよ」と話していました。それから、支援する人はけっして押しつけない方が良い。おれについてこいというよりは一緒に何かをやるとか、さりげない配慮や優しさがあるような人のほうが居心地がよかったと、対人サポートの本質に迫るようなヒントをいただきました。また、彼が言うには、いつも一緒にいてくれるのは確かにいいことだけれども、陰ながら見守ってくれるような距離感や眼差しはすごく力づけられたし、いつか自分が失敗しても、いつも迎えてくれるような安心感があったと。そういう中で彼が私にヒントをくれたのは、とにかく相手の話をきちんと受け止め、じっくり話を聞くことが重要だということでした。

余談になりますが、彼は三十歳過ぎまで自宅には戻りませんでした。彼が学校に行かなくなったときにお父さんとの関係がうなくいかなかったようで、家にはもう帰らないと本人は覚悟をしていたようでした。その後、住み込みのアルバイトや一人暮らしをずっと続けていました。しかし、三十五歳になったときに父親が病に伏した時、彼は家に帰って、お父さんを介護する生活を始めたのです。私は社会の中で必死に生きていこうとしていた十六歳から二十五歳の彼を見守っていましたが、その年代になってお父さんと和解し家に帰っていった彼の様子を見ると、時間というものがとても重要だと感じました。思春期の彼らと同じように、私たちもそこに一緒にいるときには、これがいつまで続くのだろうかと不安な状態でいたわけですが、人は信頼するに値するというか、様々な生活体験を重ねるなかで、彼は成長し、家に戻っていけたのではないかと思いました。

時が過ぎて、当時かかわった子どもたちも三十五歳を過ぎました。結婚して子育てをしている者も彼のように親を介護している者もおります。日本の生活はどうも合わない外国のほうが暮らしやすいというので、外国に住み着いていてたまにふらっと日本に戻って来る者もいます。最近の知らせの中では転職をしたとか、バーンアウトしてしまって仕事を休んでいるとか、さまざまな人がいます。また、不登校を体験した後、教師になった人も養護教諭やカウンセラーになった人もいます。

つなぎ役としての役割

不登校を体験したり思春期につらい体験をした子どもや青年たちにとって、その絶望の淵から立ち上がり、人生の転機となるような出会いをとはどのようなものなのだろうかと考えたことがある。一つは引きこもった状態や低迷した状態から踏み出す相談者や支援者との出会いから始まるカウンセリングやセラピーのような治療的なかかわりから始まり、安心安全の関係が確保された後、そこを基盤とした他者との信頼関係を構築していくプロセスを経験することである。また、もう一つは同世代もしく年齢の近い人たちとかかわりながら、自分を再構築していくようなプロセスと出会うことではないだろうかと思うことがあります。おそらく私がかかわった、不登校を体験した子どもたちの快復のプロセスにはそのような要素があったのではないだろうかと思います。そのどちらかが欠けていたとしても彼らの成長は促されたのかもしれませんが、混沌とした時期を迎えていた彼らにとっては、そのような出会いがあるかないかでは大きな違いが生じたのではないだろうかと思った。

思春期前期から青年期にかけて、同世代の人間関係で躓いた体験は、その後、また新たにグループに入っていくことはなかなかハードルが高い。そのような状況でグループに影響を与えることができるよう支援者や若いスタッフが存在し、それを見守り支援することで彼らは少しずつ安心してグループへの接近を試みるようになるのである。この年代の人々をつなぐ、〝つなぎ役〟としての役割を担うことができるkey-personの存在はたいへん重要ではないだろうか。この役割を担う人（仲間・少し年長の人）、あるいは支援スタッフが存在した時、望ましい環境が整うことがある。さて、その役割を担う人にはどのような特徴が必要なのだろうか。それはもしかすると、サイコスティックなトレーニングによって身に付けることができるスキルをもった人なのかもしれない。しかしながら、自分が出会った〝つなぎ手〟たちは、どこか思春期の感性が残存するような素朴さと繊細さをもった人たちであったような気がする。

子どもたちの発達課題を手助け

思春期、青年期の人々の課題をまとめてみました。同年代、または年齢の近い人々との関係が重要なのではないか。それから他者との甘えや依存関係を継続したり維持する力というのが重要なのではないか。また、学ぶ場や働く場、活動の場、いわゆる居場所があるということは重要であるし、学校でうまくいかなくても社会や職場で認められて自己評価が変わっていく人たちもたくさんいました。それから自分が楽しめるものやこだわりをもつものとの出会い、それを継続発展できるということはすごく大事なことではないでしょうか。また、家族との関係が修復されたり、少しずつでも変わっていくことがポイントになるのではないか。それから、これは今日のテーマの本質にかかわる部分ではないかと思うのですが、ことばにして人に相談したりということは思春期の子どもたちには非常に難しいけれど、いろいろな遊びや一緒に行動する中で相談できるとか、ふと心が触れ合うような関係を経験して、相談する人や心の友のような人に出会うことが重要なポイントなのではないかと思います。

不登校を体験した子どもたちから学んだことは、信頼できる人に弱音を吐いたり、自分の中にしまっているマイナス感情や不安をぶつけていけることが大事だということ。これは何も不登校の子どもたちだけではなく、思春期の子どもたち全般に重要なことではないかと思います。それからつかず離れず寄り添ってくれる、ある程度の距離感を持ってくれる大人が、ひょっとしたら子どもにとっては都合がいいというか、付き合いやすい人なのではないか。侵襲的で支配的な関係というよりは、何となく遠くから見守ってくれるような安心感を与えてくれることが大事なのではないか。それから、安心して自分を表現できる場や居場所がすごく重要です。これが家以外にないとしたらまずい。子どもたちの成長にはマイナスであるわけで、家庭以外にその人が地域の中で本当に安心していられる場や人との出会いや関係がなければ、子どもたちはけっして成長できないと思います。また、思春期ですから、ときには自分を忘れて何かに没頭したり夢中になったり、子どもらしさを最大限発揮できるような体験が重要だと感じました。

このことから心理的な援助としては、その個人に適した糸口を見つけ、そのチャンネルや土俵でかかわっていけること。それから、ひたすら子どものことばに傾聴し、理解者となれるように心がけることだと思います。それから最初の頃私もそうでしたが、ともに汗を流したり一緒に活動したり悪さをするなかで、何となく絆が深まること、それが今となっては恥ずかしくもあるのですが、とてもいい体験だったなと思います。それから自分の存在が受け入れられていることを、学校や学級、または地域社会、さまざまな居場所の中で感じ取れることが重要だと思います。ほどよい距離感が大事なわけですが、これは一人ひとり違いますよね。ですから、こちらがアンテナを高くしながら、どうやってその人に合った距離感をつくっていくか、これが大事だと思います。

発達障害の子どもたちへの支援

それでは次に、不登校や引きこもりの支援から、発達障害に自分のフィールドが変わっていったということをお話ししたいと思います。

卒業した数人の子たちの居場所がなかなか見つからず、私は道内のいろいろなところを先輩や友達と一緒に見て回りました。いちばん素晴らしいと思ったのは新得共働学舎というところで、今はチーズが有名ですが、いろいろな原因で居場所を失った人たちが共同生活をしている牧場です。そこで宮嶋さんという方に出会って、お父さんも長野県で同じようなことをされていたと思いますが、何回か通って、いろいろなことを学ばせてもらいました。こういう形なら、誰でも安心して成長できると心の中で腐心したものでした。

そうこうしているうちに私の子どもが小学校に上がる時期になりました。私はそれまで子どもは妻に任せきりでした。息子には生まれたときから発達の遅れがあったことは私も知っておりましたし、彼と一緒に遊んだりするなかで、できることはしてきたつもりですが、かなり不十分だったと思います。

いま二十二歳になる息子は、小学校では通常のクラスに入ったのですが、ほとんど教室で座っていられない状況がありまして、私の妻が毎日彼の付き添いで参観日のように学校にいるという半年間を過ごしていました。その当時は、医療施設に行けば自閉的傾向ぐらいのところで、特に何か診断名があったわけでもありません。家ではけっこう楽しそうに生活していて、親とすれば、ゆっくりではあるけれども、何とかやっていけるかなと思っていましたが、なかなかそうもいかず、中学校生活を迎えたわけです。

私の息子は発達の遅れがありましたが、幸いなことに天真爛漫、とても素直な子どもとして育つことができたので、小学校は通級指導みたいなものを受けていました。そして中学校も普通の通常の中学校にいましたが、中学一年生の冬に同級生からのいじめやからかいがあり、息子も学校に行けなくなってしまいました。そのときに、不登校の問題や思春期、青年期の子どもたちとの対応のなかで学んできたことはいっぱいあったと思うのですが、親としての自分はとても無力でもあり、彼の支援を十分にできなかったという思いがありました。

息子は落ち込み、簡単にいうと二次障害のような状況になってしまいました。ご飯も食べない、眠れない、学校にも行きたくない。親として何とかしなければいけないということで、北海道教育大学の伊藤先生や古川先生に子どものことを相談していました。「息子さんの場合は自閉症だろう。知的にもそんなに低いほうではない。こういうタイプの子どもたちの予後というか青年期は、今の社会のなかではつらい状況がある」と、一冊の研究収録を出されました。私は、当時の一般的な自閉症というのはことばのない方たちをイメージしていましたが、ことばがあったり高機能である人たちの存在を説明され、高機能自閉症とは言うものの彼らの社会適応率は非常に悪い、勧めるのだけれども、ほとんどがそこでだめになってしまう。そして二次障害がひどくなっていくということを教えてもらい、親として何かしなければいけないと模索しておりました。

ちょうどその時、安達先生という方が北海道に赴任して来られて、親の会をつくろうということで「ドンマイの会」を立ち上げたのです。会を立ち上げたときには、集まったお母さん、お父さんたちの子どもたちは、ほとんど自閉症またはアスペルガー障害という診断がない状況でした。そしてほとんどの方たちが、学校の先生から、親のしつけが悪いとか、場合によっては虐待しているのではないかとか言われ、子育てのやり方が悪いとお姑さんに言われたりして、お母さんたちもかなり疲弊した状態でした。最初は千歳で初めの式をやりましたが、北海道は広く集まるにも大変で、これでは一年に一回ぐらいの会しかできない。もう少し回数を増やして、子どもたちの本人活動を中心にやっていこうということで、旭川と札幌に親の会の支部をつくって活動を始めました。

私はどうやって子育てをやり直したらいいかと悩みまして、いろいろな人に相談していました。当時息子は発達障害があって彼なりにいろいろ苦戦して、自分の感覚を総動員して、社会のいろいろなものに適応しよう、仕事を覚えようとしていました。おそらく息子なりのペースで成長、発達しようとしていたのだなと、最近になって健気さというかそんなものを感じております。

問題行動への対処

息子が思春期の頃、パニックなどは問題行動として感じておりましたし、それをどう軽減させるかと対応していたと思うのですが、その行動にはそれなりの理由があることがだんだんわかるようになり、そうならない対応、仕組みがあるということを勉強することができました。それは本やセミナーに行って覚えたこともありますが、彼から学ぶことのほうが多かったと思います。たとえば挑発的なことばが出るときは、本人が混乱をしていたり、本当は全然違うことに反応しているのに、そういうことばや攻撃性が出てしまうこともありました。さまざまな紆余曲折を経て、本人は今は二十四歳になったのですが、今は一人暮らしをして就労を続けることが何とかできています。自分の障害について、自分はこういう特徴のある人間なんだということにも少しずつ気づき始め、自分は自分だという自己理解も少しずつ進み、何とか落ち着いているのが現状です。

さて、ドンマイの会に触れますが、高機能広汎性発達障害やアスペルガー症候群などを持つ親と子の自助グループです。毎月一回活動をしています。本人活動といって本人の活動を中心にして、ボランティアの方にサポートをしてもらったり、親の勉強会をしたりということで活動をしています。現在は旭川と札幌で五〇家族ぐらいがいまして、ボランティアとゲームをしたり学習をしたりしています。

ただ、私たちの会は、ある意味で非常にたいへんな会でもあります。一人必ず一係をしましょうとか、そんな高いお金ではないのですが、活動にはある程度の活動費を払うとか、ライフステージごとにグループをつくるとか、いろいろな面で工夫しています。何となく入ってしまうとやらなければならない仕事や役割が多く途中でやめたりすることも実はあって、かなり覚悟をしなければ継続するのが難しい会です。最初のころは、誰でも、どこでも、いつでもということでしたが、継続していく中である程度は親のニーズも高まっていき、サークル的な要素から少しレベルアップしたところもあります。最近は逆に門戸が少し狭まっているのではないかと危惧をしていて、今後、どう工夫していくかなと思っています。ただ、親御さんの中には、最近、診断を受けたという方たちもいて、親同士のかかわりの中でお互いをサポートし合うという状況も育ってきました。

親への援助

親の交流会では、学校生活や家庭生活、地域の情報、進路のことなど、さまざまなことを話します。やってみてわかったのですが、こういう自助グループや家族会というのは、親の元気を出すために重要なものだと思います。新しく入ってきた人が自己紹介をするときに、これまで自分はどんなに大変だったかという話を聞くたびに、そのお母さんも泣き、みんなが涙するところから、お互いに支え合っているのではないかと思っています。ドンマイの会を始めたときには、親御さんたちも親としての自信を失っていたり、どのようにしてこの子を育てていこうかという状況にいましたが、活動や学習を重ねる中で親自身も勇気を得て、そして信頼できる相談者や仲間に出会い、少しずつ変わっていっているのではないかと思います。

親だからできること、親だからできないことがありまして、当事者としての切実な困り感を一人ひとり抱えていますし、親はけっして逃げ出すことができません。子どもとずっと一緒に生活していくわけで、本人とともに困っている。私や先輩たちは、いろいろな細切れの支援を束ねながら、何とか二十五〜三十歳ぐらいまでにたどり着いたわけです。小さいときは、それこそデイサービスも相談機関もなかったし、診断されることもなかったから、どうかかわっていいかもわからなかった。でも、私たちはいろいろな機関や専門家や支援者に、実はこういうところで困っているから応援してほしいと頼むことはできた訳です。そういう中で、人に相談できるとか、どうしたらいいのかと尋ねられること、ＳＯＳを出せることは実は非常に重要だと、最近は思っています。

また、保護者にできないことはいっぱいあります。客観性に欠けてしまうことがあり、すべて自分の子から始まってしまう。特に学校との関係では、先生と折り合いがつかないという問題もあります。それから当然、専門的な支援技術や情報は不足しているところがありますし、診断や評価もできません。それから何と言っても、その子が大人になったらどうなるかとか、この子が三十五歳になったらどうなるかという展望がなかなか持ちづらい。特に小さいうちは、今が勝負という感じで親たちは生活している状況にあります。そういう状況を続けていると、親たちは人に相談することさえもできなくなっていく、何に困っているかさえも気づかなくなっていき、親自身が追い詰められていくことがあります。ですから、もしこの中に支援者の方や専門家の方がいたら、早いうちから「困ったときは困った」と言えるようなお母さんお父さんを育ててほしい、そんな環境をつくってあげてほしいと思っています。

ドンマイの会や自閉症の親の会、ＬＤの親の会ＡＤＨＤのグループを含めて、ＪＤＤネット北海道をつくりました。これは、北海道大学の田中康雄先生と安達潤先生に声かけをしてもらいまして、わが国で立ち上がったＪＤＤネットの先駆けとなった会だと思っております。北海道は広いから、旭川や札幌にドンマイの会があったり、函館に自閉症協会があったりいろいろあるのですが、厚岸や紋別、稚内には、会がないのです。それで、何とかそれぞれの地域を網羅できるようにネットをつくっていこうということです。田中先生や安達先生、私たちのところにも、いろいろなところから問い合わせや相談の電話が来ます。自分たちのできることは限られているのですが、少しでも同じような悩みを抱える人たちのサポートができたらとネットワークを拡げています。

JDDネットの特徴としては、臨床心理士会の方や作業療法士会の方、専門家の方にも加入していただいて、それぞれ発達障害の子どもや家族が抱えるさまざまな問題に対する対応を応援していただいている会でもあります。発達障害支援センターにも加入していただいて運営しているところです。発達障害ネットワークというのは、最初は五団体、自閉症協会、LD親の会などが発足のときに携わっていました。ちょうど発達障害者支援法ができたときに、この会を立ち上げたのです。

最後にJDDネット加盟の発達障害者やその家族を対象とした三〇〇〇人による支援サービスニーズの調査と発達障害が抱えている問題、どんなことにこれからの支援の方向を定めていったらいいのかという話をして終わりたいと思います。

現在、困っていることは、十八歳未満のお子さんを持つ家族の場合、これは本人が答えているものもありますし、主に家族が答えていますが、将来への不安というのが最も高かった。次いで周囲との人間関係、そして余暇の過ごし方、周囲の理解がない、あるいは授業の中身がわからないといった悩みを抱えています。

それからどんな支援ニーズがあるのか。一番高かったのは学校を卒業した後のことで、特に就労の問題が課題なのかなと思います。学校にいるときは、支援や指導の仕方が悪いとか、先生とうまくいかないとか、学校に対して不満もたくさんある。しかし、学校を卒業して十八歳を過ぎる、支援や指導の場が急激に減ってしまうことを体験します。それから社会的スキルを教えてくれる機関や専門家からのアドバイス、長期休暇中や放課後の居場所のニーズがあります。

思春期、青年期になると、親が対応できる部分とそうでない部分がたくさんあります。たとえば、札幌では地下鉄に一人で乗っている自閉症のお子さんがいたりしますが、地方都市でそういう子をあまり見ることはありません。自閉症のお子さんが買い物に行って歩いているだけで、変質者と間違えられたり、とても車の好きなお子さんがスーパーの駐車場で車を見ていたときに、車上荒らしと間違えられて、取り調べを受けるということもあります。ですから、地域の理解も重要なポイントで、そうならないためには、その人たちが安心していられる居場所や活動場所、また余暇の場が、親としてはニーズとしてあげられているのかなと思います。

また、今後充実してほしいこととしては、発達障害の親の会、LDの親の会も自閉症協会もそうですが、小さいうちはいろいろ課題はあれども、とにかく元気で学校に行ってくれたら親とすればほぼ満足と言ってよいでしょう。ところが青年期になると、自分が安心していられる居場所や充実感を感じられる居場所というものがなかなかないのです。特に自閉症の子どもたちは暇に弱いわけで、何か活動を持続できる環境が必要です。誰にとっても人にあてにされたり、人の役に立つことが、重要なわけですから、そういう意味でも就労の場が重要になります。しかし就労の場といっても、企業では受け入れが難しい状況があります。仕事はできたとしても、たとえばその方が混乱したり問題行動を起こした場合にどうかかわっていいかということで、雇用しようとしても企業の人は二の足を踏むことが多いのです。ですから、私たちは、発達障害の方が混乱したり、自分を失うようなときに、支援やかかわり方のコツみたいなものを少しでも、企業や支援してくださる方に伝えていくことができれば、と考え支援方法をまとめています。支援さえあれば、彼らは十分働けるわけです。それを何とか企業や地域の方に、私たち親の会やＪＤＤネットワークが伝えていく、その理解啓発が私たちの役割だと思っています。

発達障害の方々の支援では、保健、医療の整備という問題もあります。小さいときから少し変わっているなとか、ことばが遅いとか、運動がちょっと苦手という子どもで、でも勉強ができたということで十八歳ぐらいまで過ごして、そのあとで発達障害の診断を受けるとか、引きこもってしまう例が多いわけです。その時に、たとえば十六歳ぐらいまでは小児科や児童精神科で相談に乗ってもらったり、そこで受け止めてもらうことができますが、十八歳ぐらいになって、発達障害かもしれないとなった時、どのように支援してどういう治療をしたらいいかということになったら、そういう方たちが行く場がなかなかない。現在では大学や地域保健のなかで対応してくれる部分もありますが、医療機関では青年期になって相談を始めるところは少ないと思います。それから、圧倒的に専門家の数が少ない。北海道は広いので、札幌や旭川や大都市には支援者がいるのですが、なかなか地方の隅々まで行き届いていない部分があります。

子どものソーシャルスキル教育

理解啓発や雇用就労のための援助、支援技術のある支援者の要請や、子どもへのソーシャルスキル・トレーニングや、場合によっては親へのペアレント・トレーニングのようなもの、そんな機会を充実してほしいというアンケートの結果が出てています。

先ほども述べたように、特に軽度な発達障害への対応の難しさというのは、今の課題ではないかと思います。症状が軽微であるために、きちんと見ていないと見逃しやすい。親も先生も、ちょっと変わっているなというぐらいで学童期を過ぎ、大学には入るけれども、そのあとなかなか自分の居場所を見つけられない青年たちがいるのではないかと思います。それから軽度の発達障害のお子さんの場合は、家庭などの刺激が少ないところではわりと疎通性がよかったり、一対一の場面では特徴が表面化しないのですが、学校や複雑な人間関係のなかでは、症状が表面化しやすく、混乱しやすいということがあります。親にとってみれば、わが子の日常を家庭で見ていれば、学校でそんなふうになっていることは想像がつかない場合もありますので、学校の先生とトラブルを起こしたり、お互いにわかり合えないことが多くあります。

同時に、私自身の体験も私の友人や先輩たちもそうなのですが、親自身が自分の子どものことを受け止め理解するのは、なかなかしんどい。時間がかかり、自分自身の心が試されるという、心の葛藤の中での思いがあります。親自身も障害観とか社会観、人生観を問われる部分があり、障害があることを純粋に受け止めていくことは非常に難しいと思っています。小学校の先生や支援者の方の中には、「あの親は障害受容ができていないよね」とおっしゃる方がいますが、私は親というのは障害受容なんてなかなかできないと思っています。子どもに障害があると理解することはできると思うのですが、それを全部引き受けて受け止めるという、そこまでいくのはなかなか難しいことです。むしろ、それができないから助けてほしいし、相談してほしいし、一緒に悩んでほしい。特に乳幼児期は若い親たちが多いわけですから、そういった支援者や相談者と出会うことが、家族にとっては非常に大切なことではないかと思います。

私の先輩であり、お世話になった中田洋二郎先生が、親の障害受容の難しさについてご著書の中で書かれています。夫婦の意見が食い違ったりもしますし、ときには自分の子どもに障害があることを隠したいということもあるでしょう。それから、ほかの子と比べて、何となく不遜であることを感じたり、何となく自分の将来が見えなくなり、不安な状況になるということがあるわけです。そういう中で親自身も葛藤しながら、最後には覚悟して子どもと一緒に生きていこうとするわけですが、なかなか難しいことが多いのが現状です。

発達障害においても、思春期の問題は多くあります。最近では、不登校や非行の問題と発達障害は関連性があるとも言われており、二次障害があったり、すごく混乱した状態では服薬があったり、または落ち着くまでにかなり時間がかかるということがあります。それから青年期に入って診断を受けるところでは、本人自身もその問題を受け止めることは難しいでしょう。たとえば大学院に行って卒業して、この子は何とかやっていけるなというところで、「アスペルガー症候群です」という診断を受ける。または、就職試験を何回も受けるけれども、うまくいかないという状況でそういうことがわかり、それを受け止めていくことは、親にとっても大変な作業であると思います。

家族自身が子どもを受け入れ、発達障害を受け入れることは、なかなか難しいことだと思います。つまり簡単なようで難しいのは、家族の子ども理解、障害の理解だと思います。私自身もわかったようなことを言っていますが、まだまだ葛藤があり、背伸びをしている部分やわからない部分があるのではと思っています。

発達障害者への支援

発達障害の問題や不登校の問題も含めて、一般の方も保護者もそうですが、社会の中でそれらについての理解者が増えること、これが重要であります。特に発達障害の場合は、行動上の問題や目立つ部分があったり、それがある時には触法行為として見られ誤解されたりすることもあるわけですから、理解をしてくださる方が地域の中に、特に一般の方の中で多くなっていくことが、私たち親の会やＪＤＤネットの願いなのです。理解ある企業や商店などの存在が実は生活を豊かにするし、職業に就いたときも、それが彼らの成長や社会適応にとても手がかりになることが最近わかりました。そんな意味で、発達障害のある子どもたちにとっては仕事をすることや生活を楽しむ力が重要なことで――それはすぐにできることではなくて――小さいうちから一つひとつ積み重ねて、一本の桜の木のように、大切に彼らを育てていくことが大事なのかなと思っています。

今はいろいろな営みをしていますが、挫折することや悩むことも多く、私自身もへこたれることもたまにありますが、「批判はあれど、非難は慎む、失敗を恐れない」。いろいろなことをやっていれば、お互いのまずいところもたくさんあるわけですが、そのものを批判、非難するのではなくて、こうしたらうまくいくよねとお互いに言い合ったり、ポジティブな視点をもちながら、何とか弱い立場にある発達障害の人たちを支えていくようなネットワークを、北海道の中に根づかせていきたいと思っています。

不登校の支援に始まって、今は発達障害の問題に取り組んでいるというのは、別々の問題に取り組んでいたようですが、実はここに来てそれがつながっており、子どもたちやわが子から学んだことの中で、自分が今支えられて生きているなと実感しています。

◆稲田――村田先生、どうもありがとうございました。それでは、村瀬先生との対談をお願いします。

◆村瀬――村田先生、深い思索が身を挺しての実践を裏付けていて、そしてまた一人の市井のお父さまとして、誠実に心を込めてご長男に向き合って育てていらっしゃった、豊かな、たくさんの知見を含んだお話をありがとうございました。

お話しくださったご長男の年齢よりもさらにもっと年を取った方、いま四十歳になった方、三十代後半の中高年になった方は、今日お話しになられたように十分な理解も得られず……。そして日本の発達障害児に対する援助の仕方というのは、常に新しい学説を外国から取り入れて、何か新しいのがあると、すぐそれに乗り換える。でも、十全のものはそもそもあり得るわけがなくて、発達障害というのは生物学的なものを基底に置きながら、実はそのうえに社会経済的諸々の時代の影響やいろいろなものが複合しているのに、非常に狭く親子関係の心理学的な問題とか、学校のクラスの問題などが断片的に論じられた。そして、そこに最新の理論が紹介されて、それから方法論も変わると、今度はそれをすればいいと。ある時期は、ある薬を飲むとことばが出ると、薬の名前を言うのは控えますが、あのときは多くの日本の親御さんが、これを飲んだらうちの子は話すようになると、そういう時期もございましたよね。それは誰も悪意があってなさったのではないと思いますが、翻弄された歴史の中に生きてこられて今日がある。そういうことから振り返って、少なくともこういうことは要るのではないかと思われるようなことを教えていただこうと思います。

自分らしく社会の中で生きる

私が常々思いますことは、発達障害というと、表現がわかりやすくクリアではない。そして、必ずしも知的な素質が低いわけでもない。それからもっと譲って、知的な素質が低い発達障害の人であっても、人間はものを感じ、言語化できるものでないけれども、その人なりのクリアな、感じたものがことばになる手前のところで、もやもやした何かが絶対にあると思いますが、いかがでしょうか。そういうことはあまり専門書には書いていない。そのことの不都合で、本人がパニックなどの現象を起こすと、それは障害のせいだとなるのですが、単にそう言われることで、そういう子どもが、あるいはもう少し大きくなっている人でも、ものすごく孤独な苦しさを味わっている。それをわかる人がいないことが、こういう障害をもっている人の生きている苦しさの一環であるのに、それはある意味で言語化できない悩みとも言えるのではないかと思います。ところが、悩みというのは知的なもので、姜尚中さんの『悩む力』が爆発的に売れたように、何かそういうものとは別みたいに思われていますが、私はこういう人は実は非常に人間的な意味で、その苦しさを持っていると思います。いかがでしょうか。

◆**村田**――子どもが思春期に混乱して荒れた時期は、先生が今おっしゃったように、彼は何かを自分で説明したり、つらい思いを言いたかったのだと思います。でも私はそれに対する受け止めも問いも、それを共有するような機会にうまくチャンネルを合わせることができなかった。私の場合、彼が荒れているときにやったことは、一緒に歩いたりスポーツをしたり、ことばにならない世界の中で、とにかく横並びにいて、彼と時間を過ごすことだったのです。

◆**村瀬**——でも、そのようにしてくださる人がいるということは、少なくとも孤独ではないですよね。孤立ではありますが。それはとても大事なことで、そのような経験をできないまま、あの人の状態は悪いなと思われていることが少なくないような気がいたします。

◆**村田**——私が児童病棟にかかわっていたときもそうですし、ことばに言い出せないもの、もやもやしているものを、ことばにならない世界で表現できたり、それを共有できるという体験は、もしかしたらその人がすごく混乱をして、眠れないとか叫び出したい状況になったとしても、それらを共有してくれる他者と出会うことで、きっとその人は自分を取り戻し、自分の混乱を治めながら、そういう体験を経て時が過ぎ、そして次のステップにいけるのではないかと思います。多くの人は、そこで服薬したり、制限を受けたり、閉じ込められたりというなかで……。

◆**村瀬**——うまく言語化できないけれども、たいへんデリケートなその人なりの微妙な色合いのものがあるのに、四捨五入して丸めたかたちで対応されるということではないかと思いますが、そうですね。

◆**村田**——ええ。

◆**村瀬**——そういうことが、せっかくある程度育ってきて、自分の生き方を発達障害があるなりに模索し始める青年期に、実は周りの状況とマッチしなくて、すごく苦しいのではないかと思います。

◆村田――彼らの居場所や活躍できる場があれば、彼らが持っている資質や能力が生かされるはずなのですが、それにわれわれがなかなか気づいてあげられないところが課題だと思います。また、障害があるとなったときに、どうしてもブルーカラーの仕事が多いのですが、ひょっとしたら高機能の方などは知的な作業を伴うところで活躍できる場面をもっているかもしれないわけです。そういう彼らの特性や資質、能力をうまく引き出せないところと、それから私たちの中に、どうしても価値観、偏見とは言いませんが、仕事の内容まで決めてしまって、制限してしまっているところがあるように思います。彼らの特性を活かした生き方にも目を向けていく必要があります。

◆村瀬――そのことに関連して、普通に健康な人は誰しも、自分はどんな人間だろうか、自分はどうなっていけばいいかと、意識的に考え始める。それが成熟の大事な柱ですが、そういうことが障害をもっている人たちにとってはどうかということも、とても大事なことなのに、これまでの発達障害の専門書にはそういうことはあまり書いてないところが、家族などが困り、あるいは本人自身がいちばん困るところではないでしょうか。

実はそのことに関連して、最近は、発達障害があることを子どもにもテリングして、カミングアウトさせたなんて、そういう領域でお仕事をされている方がさらっと言われて。それはそうだと思うのですが、テリングするって、あの子は種痘が済んだとか、予防注射が済んだみたいな、なんだかそのように聞こえるのですが。

それは実はもっと小さいときから、あなたはそういう特徴があっても、かけがえのない人として生まれてきたという眼差しをたくさん受けて、どのような自分であっても生きていることに意義があるということが、この人に感覚的にどれだけ育っているか。まずその配慮をもった上で、そしてそういうことを誰かが一回ではなくて、折に触れて、「一生懸命やったのね」と。でも、あなたはことばで言うのがうまくいかなくて、思っていることと手とがうまく合わないから、そうなる、努力しているけれども、そういう癖なのねと。そうしてだんだん受け止めていくのに、最近は非常にテクニカルに言われているような気がいたします。

発達障害とライフサイクル

さらに、発達障害については幼児期、児童期、思春期ぐらいまではプログラムとか細かく言われるけれども、青年期から成人になってからも大事な問題があることを強調していらっしゃるのではないかと思いました。

◆村田――ありがとうございます。私がわが子から学んだことの中で、彼なりにその年代年代で自分の能力を最大限生かして生きていこうとしているということがあって、彼が十八歳になったときに、それを感じました。それはひょっとしたら私自身が年を取って、そういうものを見られるようになっていたからかもしれないのですが、彼らは十九歳、二十歳となっていきますが、もっと時間をかけて彼らのそういうものを育てて力を授けていくと、もっと学びや体験をていねいにその年代から積み重ねていき、さらに彼らのよさが引き出せるのかなと。私は、この子たちこそ長く教育する必要があると考えており親として準備したいなと思っておりまして、早くからの職業訓練ももちろん大事なのですが、それと同時に、彼らが楽しむことや味わうことを、十八歳から二十五歳ぐらいまではもっと大学などで勉強させてやりたい、体験させてやりたいと思います。

◆村瀬――そうですね。これまではどちらかというと、発達障害に対しては療育ということばがいみじくも指しているように、訓練して、なるべく伸ばすというのがありました。しかし、人生を味わって楽しんで、結果としての巧拙だけではなくて、それは相対的な基準でいえばけっして高いものではないかもしれないけれども、その人なりに楽しんで味わう、そういう姿勢を幼児のときから持っているといいということですね。

生活を楽しむ方法を身につける

たとえば具体的な例を言いますと、ことばもそれほど十分ではないある青年なのですが、お母さまは生きている力と自信がもてるように、そしてそれが楽しみになるようにということで、当時はやっていた何々式、そういうものよりは、その子と一緒に生活の中で繰り返し仕込んでいった。そうしたら二十歳のときに、数の計算は二ケタの足し算、引き算が紙の上でできるかどうかなのですが、千円札があると、スーパーに行って、四人分の家族のお総菜の材料を買って、ご飯を炊く。みそ汁もそう何種類もはできないのですが、お豆腐とわかめと油あげ、それから大根をシュッシュッと切るということで三、四種類はできるので、毎日回していけば同じものになりませんね。みそ汁を作り、鮭の切り身とほうれん草のおひたしとか、千円でできる四人分の一汁二菜のメニューが七、八種類できるので、彼は自信をもっていった。それからやはり友達はできないのですが、音楽を聞く楽しみができて、図書館でCDを借りてそれを聞いて楽しむとか。だから、作業所に通って、作業とあとは生きていくというよりは、一家の夕食は自分がつくるから、仮に一人暮らしになってもできると、こういう育て方。養護学校にいるときにお母さんがそういう姿勢で、自分の子どもをよく見て、この子なりに生きる方法、生活を楽しむ方法を身につけさせたいと言われて、かなり摩擦はあったようですが、こういうことを一人ひとりに考えていくことはすごく大事ではないかと思いました。

先ほど、ご長男さまがある時期にとても苦しんでいたと。そういうことについて、私どもはわからないのではないかと思います。

小さいときからずっと会っていた自閉症の青年が、途中は省きますが、非常に苦労して、人より遅れて三十歳でようやくブルーカラーの仕事の正社員になれた。少ししたら、夜帰ってくるのが毎日遅くなって、それでお母さんはすごく真剣に、彼も夜遊びをしてよからぬ女と遊んでいると。自分から言えないから、村瀬から言えと言われる。彼もなかなか言わなかったんですが、かなり片がついてから話しました。彼は非常に不器用で人のことばを真に受けてしまっているのですが、ささやかなお小遣いを貯金しているのを知って、狡猾な同僚がお金を借りて返さなかった。彼はずいぶん言ったけれども、とてもだめで、子どものときに暴力沙汰で大変になったことを思い出して、すごく我慢した。でも、あのお金が返ってこないと思ったらたまらなくなって、夜も機械を止めないで動かしている工場で昼夜働いて、失ったお金を貯めた。そして夜の勤めを辞めるころに、私に言ったわけです。それはすごく健気で真面目で、しかも筋が通った生き方ですよね。でも、それをひとりでやっていて、誰にも言えなかった。ですから、ご両親も一生懸命考えて、それなりにかわいがろうとずいぶん変わられたのに、わからない。一人ひとり、どの人もこういうことを持っていると思います。

人生の意味を見つける

こういう例はたくさんありますが、先生がおっしゃりたいことは、結果を評価して上手下手というよりは、発達障害のある人には一人ひとりの人生の意味が見つかるように、もっと多面的にその子を見て、生きていることは楽しいなと、その子が思えるような視点で支援というのはあるべきではないか。それから世の中が、親と一部の専門家が頑張るというよりは、むしろ市民が、あの人は何だかイライラ、そわそわしているけれども、好きでやっているというよりは、ひょっとしたら、やむなくそういう事情の人かもしれないなと、そういう眼差しで見るのと、「何よ」という無言の針の眼差しとでは違う。そうした社会のある種の精神的な成熟がいるということをおっしゃりたかったのかなと思ったのです。最後にぜひ先生から付け加えて、私がお尋ねしようとしたことの足らないところを伺って、閉じさせていただきたいと思います。

◆村田——発達障害の私の息子や出会った子どもたちを見ていると、何を身につけるにも少し人より時間がかかるし、それは私たちが一年や二年で取り組んで成果が出ることではなくて、長いスパンで身につけたり楽しんだりするなかで本人が気づき、その楽しさを味わったりすることができるように思います。ですから、時間も手間もかかるし、まわりの理解や見守るまなざしが必要だと思います。私は昨年から、理解啓発ということで仲間とずいぶん話してきました。先ほど先生がおっしゃったように、市民としての一人ひとりの成熟はあります。それも大事なことですが、もっとわかりやすく発達障害を理解してもらうような、またかかわるコツみたいなものを、何かうまく伝えられないかと自分で思っております。

村瀬先生にできればそういうことでアドバイスしていただきたいと思ってきょうは来ました。お一人ひとりの人間観、社会観、人生観みたいなものは、その人を見る目になっていくのですが、そこを待っていてもなかなか社会は変わらないところもあって、それをどうやって多くの市民、市井の人にわかっていただくか、そこが私たちの課題です。そして、それができるようになって初めて彼らが安心して地域で暮らせるようになるのかなと思っています。そのためにはいろいろな取り組みや、私たち自身も成功例や失敗談を話しながら、皆さんに理解していただくことが大事だと思います。彼らにはセンスのある、輝く部分があるのですが、それを親やまわりの人がなかなか気づいてあげられないこともある。それをうまく見つけてあげられないもどかしさが、実は私たちにはあります。そういうものを見つけられる人、それからつ、な、げ、る人が多く支援者として育ってほしいと思います。

◆村瀬――そのことに付け加えて言いますと、実は先生が今おっしゃった方向と、ある意味で逆なんですね。プログラムを作って、それを当てはめようというのは、今おっしゃったことと逆で、非常に固定化してしまうのです。それはそれで何もないよりはいいのですが、こうあってほしいとご期待なさったことが実現するためには、一人ひとりが今の自分に、一・五倍は無理でも、一五～二〇％ぐらい頑張ってみる。そしてイマジネーティブな想像力とクリエイティブな創造力の両方をもって、こうだと見える、思えるけれども、ひょっとしてこれを根拠に想像すると気がつくことがあるし、これっきりというよりは、何か方法がないかと、あと一五％か二〇％考えると気がつくかもしれない。マニュアルだけに頼らない精神文化がすごくいるだろうということが一つ。

足るを知る

◆村瀬――それからもう一つは、非常に能力の高い方が企業に入った場合、そういう方のご相談を受けて思うことは、一方で企業というのは限りなく利潤追求で、どこかで矛盾が起きてくる。人間って、一人ひとりが欲をもっているから、どこかで人のある条件を認めるなら一緒にやるといっても、競合してくると、そこで人間関係がぎくしゃくしてくる。これは先ほどのそれぞれの人が自分の力を一五から二〇％、二つの意味での「ソウゾウ力」を伸ばすということ以上にもっと難しいけれども、実はこれがなくて、ほかのことだけをしても非常に難しいと思うことは、人間が生きていくときに大事な、人間だからできる「足るを知る」というのでしょうか。今の文明は、限りなく貪るということですよね。そうすると、能率や異質なものはこそげ落としていく。しかし、足るを知って、分かち合うということがコンセンサスとしてできる、それだと思います。

後者のほうは非常に難しいけれども、それができたら本当に人間社会として成熟だと思います。

◆村田――ありがとうございました。

◆村瀬――できたらではなくて、少しでもするようにしなければなりません。

◆村田――はい。重いことばでした。本当にありがとうございました。

◆村瀬――どうもありがとうございました。

◆稲田――村田先生、村瀬先生、どうもありがとうございました。

人格の尊重と「ケアの力」について

北広島リハビリセンター特養部四恩園
三瓶　徹

「人格の尊重とケアの力について」というタイトルは、実は北海道の老人福祉施設協議会で倫理綱領を作らなければならないという中で、「ケアの力」という一つの概念、考え方が出てきたのです。現場にいる人たちの中にも、「ケアの力」ということがまだまだ理解されているとはいえません。ですから、ここの部分ができあがっていくまでの経緯と考え方について、お話しさせていただきたいと思っています。

この倫理綱領は、平成二一年一月に策定され施行されています。その前々年に特別養護老人ホームにおける虐待の報道が、読売新聞の一面にトップ記事で載ったことがあります。今、全国老人福祉施設協議会の会長をされている中田さんに、このままではバッシングがあるのではないか、特養というのはそういう虐待のあるところだと思われてしまうのではないかと相談しました。

では、われわれはどうしたらいいのか。何を考え、何を軸としながら、あなたたちは仕事をしているのかと問われたときに、どう答えたらいいのか。そのときに、やはり倫理綱領が必要だという話になったのです。私は北海道老人福祉施設協議会で研修委員をやっていましたから、一緒に考えてくれる同志のような委員の人たちがいたので倫理綱領をつくれたと思っています。

改革から一〇年が経ち、介護保険制度や社会福祉法あるいは成年後見制度もそうですけれども、措置制度から利用制度に変わったという、業界の中にあって革命的なことが起きてしまったと私は思っています。市場原理という状況の中でケアに求められるものは何なのかということを考えながら、これまでやってきました。さらに地域において私たちは何を目指して、何を実践していくのかが、ずっと問われてきています。

では、実際に現状をどう考えたらいいのか、倫理綱領を策定していく前段として、私たちはこのままでよいのかという話をしました。それが顕著に現れたのが、不採算性の高い地域での事業は敬遠されるという事実です。改革が行われるときに介護保険制度は、いつでもどこでも誰もが利用できると考えておりましたが、実際にふたを開けてみると、全然違うではないかという思いに立たされました。

実際に北海道の場合は、大きな都市以外は人口が減少し、限界集落と言われるようなところがあって、高齢化の問題ではなく、町自体の存続そのものの課題が表面化してきております。その中にあって、サービスを必要とする方々がいらっしゃるわけです。その人たちに国は「住み替え」と簡単に言います。いつの頃からかノーマライゼーションということばを聞かなくなってきました。自分が生まれ育ちここで死にたいという思い、その生きるというところに向き合っている人たちをどう支えていくのかという議論が、どこかに行ってしまって、単純に住み替えという話が出てくる。もっと大切なことがあるのではないかということを考えさせられます。

施設内虐待の話ですが、労働環境が非常に厳しく人材確保が困難で人手が足りないから虐待が起きるという。忙しいところ、あるいは人がいないということにおいて虐待がすべからく起きるということであるとすれば、それは制度上の問題ということになっていくでしょう。しかしそうではなく、忙しい中であっても、きちんとやっているところはやっているわけです。人がその人らしく生きるとはどういうことなのだろうか、少なくとも施設を利用していて、その人がその人らしく生きるとはどういうことなのかということを突き詰めて考えていったときに、本当にできているのだろうかと日々疑いながら仕事をしているというのが現実です。

ユニットケアサービスは、最終兵器のように施設ケアの中では言われましたが、平成一五年からこの制度の中で施設が建ってきて、その当時は大々的に国も誘導してこのユニットのあり方を言ってきたわけです。従来型の施設というものを否定したまま、ユニットケアがいいのだという形で進んだわけですが、では今住んでいる人たちのことはどうなるのか。国のあり方として、臭いものにふたをするような感じで、従来型の施設も含めて何とかしていかなければならないという考え方は、現場にいて残念ながら感じられませんでした。

これは私たちが残念だというよりも、市場原理というのは、事業者が市場原理に放り投げられたというだけではなく、実は本質的には利用する人たちも投げられたということなのだろうと私は思っています。アドボケイトするのが専門職であるということであれば、われわれが実際にかかわっていて持つ痛みは即、利用する人たちに直結する話なのだろうと思わなければいけないと私は思っています。

措置制度から利用制度に変わったのだから、社会福祉法人の体質が変わったと思うかもしれないですが、介護報酬が入ってくるという実態は変わっていないのです。むしろ措置時代よりも収入は多くなってきています。当然、やらなければならないことも多くはなっていますけれども。確実に介護報酬が入ってくるというようなことにおいて危機感がないから、本質的な部分で変わっていないのです。

倫理綱領策定に話を進めていきますけれども、これは急がなければなりません。実は学識の方はこの中には入れないで、倫理綱領は私たち現場の人間がそういうものをきちんと作って、われわれの姿勢としてこういうものを示していこうではないかという思いがあり、わからないなりに作りました。私は、医師、看護師、あるいはPT、OT、あるいはソーシャルワーカー、社会福祉士の、ありとあらゆるところの倫理綱領をかき集めて、いいとこ取りで作ろうかと実は思っていました。しかし、そんなものを作っても誰も「そうだよね」という話にはならないだろうと思い悩んだものです。

要するに、われわれが仕事をやっている中での課題と展望を出そうと、ブレインストーミングの手法で、カードBSを使い一人一〇〇枚以上の今特別養護老人ホームにある課題と展望を出してもらい、集まったのが六四〇枚でした。これを小項目、中項目としてまとめていき、組み合わせていきました。最終的には一〇項目にまとまり、それが一〇カ条になったということなのです。ですから、私たちの思いというものが何かしらかの形ですべて織り込まれていると思っています。その中で今日お話しするのは、「ケアの力」です。

実はこの「ケアの力」というのは、カードBSで収束させたエコマップ※1の「利用者本位のケアの姿勢と技術」というところにぽつんと入っていたのです。われわれの言う専門性という部分での「技」というところについては、「ケアの力」というのはこの中に入れるのではなく、これこそがわれわれにとってすごく大事な概念なのではないのかということで、委員と二泊三日の合宿をやり侃々諤々やり、これだけは抜き出そうということになったのです。この「ケアの力」というところが、いろいろな概念、考え方と実はつながっているということなのです。今日は、綱領の中の第四条「その人らしさを支える『ケアの力』」というところでお話しさせていただきます。

その人らしさを支える「ケアの力」

倫理綱領といったときに、倫理とは何だという話から入っていかないとなかなかつかみどころがない。「倫」とは「人として守るべき道」で「理」は「物事の道筋」と言われています。倫理は「個々の行動を規制すべく外部から注入され、移植されるようなものではない。反対に、人間にもとからある能力や傾向を、それぞれの社会集団に特有のあり方で展開させたもの」であり「誰にも共感される普遍的なものと感じられ、他方で自分が所属する社会集団に特有のもの」※2である。

こういうことを考えたときに、いろいろなところの寄せ集めでいいとこ取りでやらなくてよかったと

※1　エコマップ参照
※2　村本詔司著『心理臨床と倫理』三四頁、朱鷺書房、一九九八年

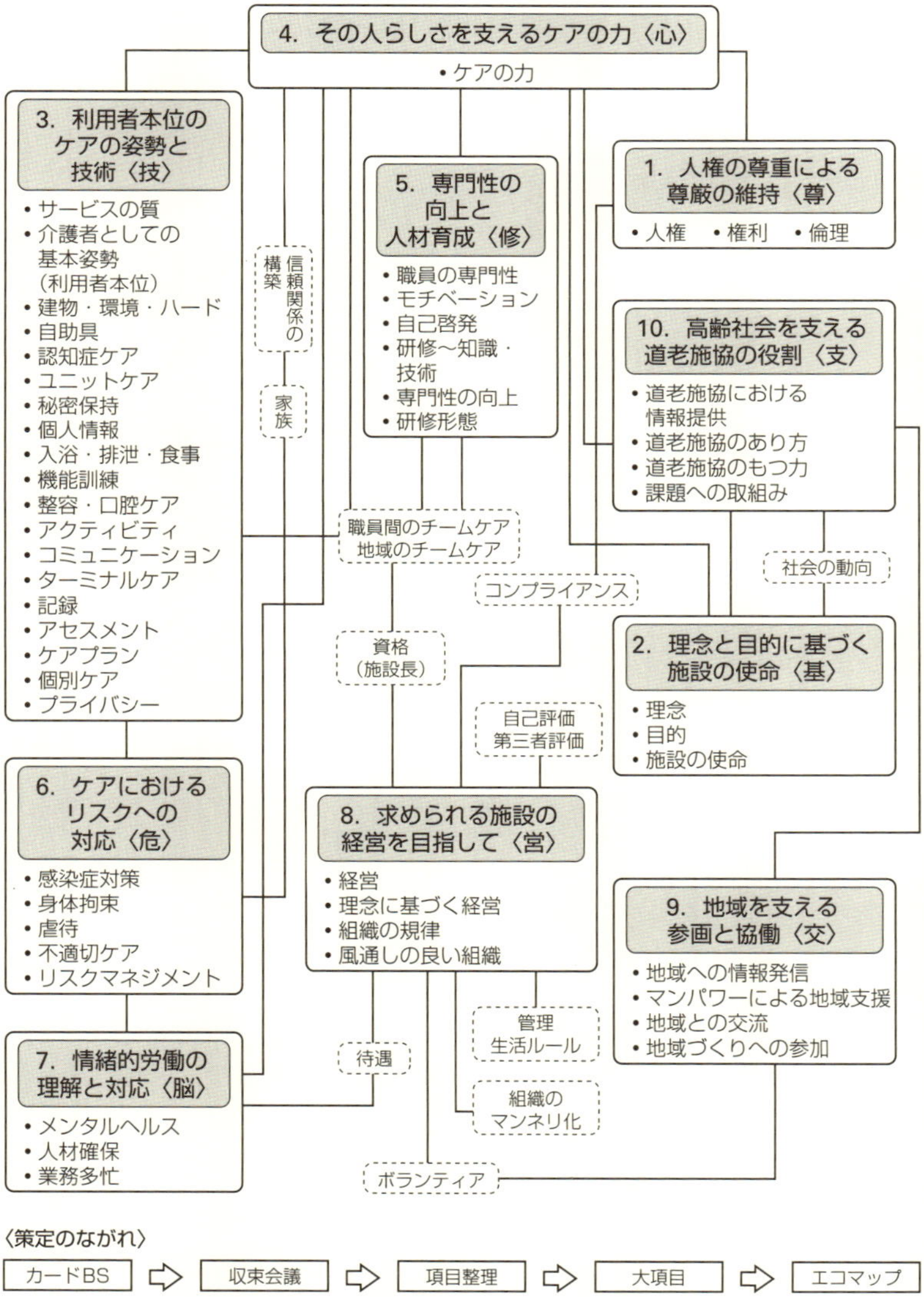

4. その人らしさを支えるケアの力〈心〉
・ケアの力
3. 利用者本位のケアの姿勢と技術〈技〉
・サービスの質
・介護者としての基本姿勢（利用者本位）
・建物・環境・ハード
・自助具
・認知症ケア
・ユニットケア
・秘密保持
・個人情報
・入浴・排泄・食事
・機能訓練
・整容・口腔ケア
・アクティビティ
・コミュニケーション
・ターミナルケア
・記録
・アセスメント
・ケアプラン
・個別ケア
・プライバシー
信頼関係の構築
家族
5. 専門性の向上と人材育成〈修〉
・職員の専門性
・モチベーション
・自己啓発
・研修～知識・技術
・専門性の向上
・研修形態
1. 人権の尊重による尊厳の維持〈尊〉
・人権 ・権利 ・倫理
10. 高齢社会を支える道老施協の役割〈支〉
・道老施協における情報提供
・道老施協のあり方
・道老施協のもつ力
・課題への取組み
職員間のチームケア
地域のチームケア
社会の動向
コンプライアンス
資格（施設長）
2. 理念と目的に基づく施設の使命〈基〉
・理念
・目的
・施設の使命
自己評価
第三者評価
6. ケアにおけるリスクへの対応〈危〉
・感染症対策
・身体拘束
・虐待
・不適切ケア
・リスクマネジメント
8. 求められる施設の経営を目指して〈営〉
・経営
・理念に基づく経営
・組織の規律
・風通しの良い組織
9. 地域を支える参画と協働〈交〉
・地域への情報発信
・マンパワーによる地域支援
・地域との交流
・地域づくりへの参加
管理
生活ルール
待遇
組織のマンネリ化
7. 情緒的労働の理解と対応〈脳〉
・メンタルヘルス
・人材確保
・業務多忙
ボランティア
〈策定のながれ〉
カードBS ⇒ 収束会議 ⇒ 項目整理 ⇒ 大項目 ⇒ エコマップ

北海道老人福祉施設協議会　倫理綱領策定エコマップ

思いました。やはり自分たちが実際に現場で仕事をやっていて、こうあるべきではないかということをまとめてみる。一〇年たってみて、市場原理というところに身をさらし、いろいろな制度に関わりながら実際にやってみて、不都合なところやおかしいのではないかというところも結構あるわけです。まことしやかにケアプランというように言っていますけれども、人間の命を簡単にケアプランでくくってやっていけるものなのかといつも私は思っています。アセスメントをして、その人のケアプランを立てるときに、その人の生き方がこうだからこのようにやっていこうという一つの道筋なのだとは思うのですけれども、そういう枠の中でくくれるものなのかということは今でも疑問に思っています。

自分がそういう体になって、誰かに関わってもらうとなったときに、ケアプランという枠の中で自分の人生に関わられるということは、すごく窮屈な思いをすると思うのです。それがあって、たいへん忙しくなったということもあるのですけれども、逆に言うと現場では、高い専門性が求められるようになってきているということも事実であります。

倫理というのは、そういう社会集団に特有のものだという中で、このように課題と展望というものを集めながらこうやって作ることができて間違いはなかった、と思っています。

倫理綱領は、私たち会員がサービス提供にあたり遵守しなければならない事柄であるとともに、専門職能団体としての目指すべき方向性を示し、管理者（施設長）と施設従事者が一体となり事業に取り組むことを示す指針であります。

本質的にケアのわからない人はケアをすべきではありません。ケアをしてお金をいただくということであれば、その人は少なくともケアをわからなければそれをやってはいけないということです。日本の介護保険制度というのは間口が広くて、誰でもやれる仕組みになっていて、入口規制がされていませんから、いろいろな問題が出てくる。そういう意味で、ケアマネージャーの人たちの力量というものが、これからますます問われるのだろうと思っています。

社会福祉法人の体質が変わっていないという話をしましたけれども、やはり病院をやるのは医者の資格があって医者をするということと同じように、施設のトップというのは、それなりの資格とある程度の条件を備えた者がやることによって、その命と生活が支えられるのではないかと私は思っています。

ここはどうしたらいいのかというときに、結局はどう目指せばいいのかという話になるかと思います。そのときに、この倫理綱領の中で考えていることをご理解いただければ、少なくとも現場の中で大きな意識の違い、あるいは取り組みの違いということは起きてこないのではないかと考えたわけです。そういう意味では、一つの指針としてぜひご活用いただきたいという考えも含めてあるわけです。

尊厳とは？　人格とは何か

「ケアの力」で尊厳を守るというときに、尊厳とは何なのか、人格とは何なのかということを抜きにしてお話をしていますけれども、尊厳というのは絶対的な概念というように言われています。ですから、「尊厳を保持する」と、法律の中では「保持」という言葉を使うわけです。みんなに等しくあるという考え方ですから、あなたの尊厳が重くて、あなたの尊厳が軽いなどという言い方はしないわけです。ことばとして使うとしたら、「あなたの尊厳が軽んじられている」という使い方になります。人格が侵害されているときなどに使うのです。人格というのは何かというと「自律的意志を有し、自己決定的であるところの個人」と広辞苑にあります。心理学的な人格というのは、また意味が異なり、感情という部分はあまり入ってこないと、ある人から聞いたことがあるのですけれども。

「認知症の人でも人格はあると思う人？」と聞くと、みんな手を挙げます。しかし「では皆さん方に人格はありますか」と聞くと、不思議とためらうのです。それは言ってみれば高慢な人格者というように問われていると思うから「いや、私に人格は」となる。そういう意味ではなくて、生きていれば人格があるというように考える。要するに自律的意志を有し、自己決定的であるところの個人。こうやって選択し、ここにこうやって自分がいるということ、その行為そのものがまさに人格ある存在なわけです。

そういう意味で、尊厳と人格ということを考えたときに、人格というのは自律性というものを重要視しています。ところが認知症の人の自律性、認知症の人の自己決定というものをどう受け止めるかということになるわけです。

これは倫理綱領の中の策定の趣旨の中に載っていますが、認知症の人の思いというものを少しご紹介させていただきます。

「病気ゆえに見離され、誰からも相手にしてもらえない。何かしなければならないと思いながらできないもどかしさや戸惑い。不確かな記憶や想いによる話に向き合ってもらえない不安と不信。忘れてしまうという恐怖と焦燥。安心と安らぎの場を求め自分の居所をさがそうとさまよう。認知症の人は精一杯の感情表現と、残っている記憶に頼り、限られた能力のなかで懸命に生きる」

これが認知症の人の思いなのではないかと思うのです。

倫理綱領の第四条「その人らしさを変える『ケアの力』心」に、「私たちは、利用者を一人の人として受け入れそれを尊重するケアが、利用者の権利を擁護する関わりであることを理解し、利用者と私たちの関係に生じる『ケアの力』により、認知症の人であっても、その人の人格が育まれ、尊厳が守られるケアに努めます」とあります。ここで難しかったというのは、その人らしさもそうですけれども「利用者を一人の人として受け入れそれを尊重するケア」です。今よく言われる、パーソン・センタード・ケアがあります。これはご存知のとおり、トム・キットウッドが考えた概念です。ある方に相談したら「パーソン・センタード・ケアというのは、ある意味で固有名詞でもあるから、条文の中にそういう概念を入れないほうがいいのではないか」と言われて、「利用者本位」ということばが出てきたのです。しかしそれもなかなかぴんと来ないような気がして、いろいろと迷った挙句「一人の人として受け入れそれを尊重する」ということばにしました。

この中で悩んだ部分は何かというと、「人格が育まれる」ということです。ここは「人格を尊重し、尊厳が」ということでもかまわないが、それだと動きがないので、やはり「育まれる」ということにちょっとこだわりました。また、「その人らしさとは、その人を知る人との関係において特定されるものではない」と、いきなりこういうことを言ってしまったのですけれども。客観的な部分で「あの人らしいよね」という言い方をするわけですから、そういう意味では、客観性というのはありかもしれないけれども、言われた本人は「おれはそれだけではないんだ」というような思いがあるのではないかと思います。

また「特定されるものではない」としたのは、要するに第三者がそのように言うこと自体は、やはりどこかに主観が入るということです。つまり、その人をそう見ているかもしれないけれども本人はそうではない、あるいは、本人自身もわからないというものもあるかもしれません。周りが見ていて、その人をそうだと決め付けることは危険かなとも思い、このような表現をしています。その人らしさはその人のものであり、その人らしさには、その人の自律性から見えてくるものがあり。まさにここが自律性、人格というところと関わってきます。そこには「個別性」「唯一性」という掛け替えのない、その人の価値観に基づく人生歴や生き方があります。認知症になっても、その人の「個性」や「考えや行動の価値観」を認め「その人らしさ」を消失させることのないケアが求められます。

次に、「一人の人として受け入れそれを尊重するケア」ということです。これは、認知症のケアの部分としていわれていることです。認知症などの病気や症状に対して働きかけるのではなく、利用者の生活に重点を置いた働きかけであり、その人の生きる選択肢を大切にするケアで、利用者の人生歴や物語をケアの中心に据え、内的体験を聞き、その人が受け入れられていると感じることのできるケアです。響いていかないと受け止める側のケアとしては成立しないわけです。

また、このケアの実践には、関わる私たち職員も、その人に懇切丁寧に関わることのできる職場環境が同時に求められます。これはパーソン・センタード・ケアの中で、トム・キットウッドが、その人を中心とした一つのケアの関わり方を前半では説いてはいますけれども、後半では、関わる職員の体制がきちんとしていないと、そういうふうに関わっていくことができないと言っているのです。人格の尊重は、受ける側も働きかける側も同じようになければならないのです。要するにケアというのは、人格と人格との関わりではないのか。どうもわれわれは相手の人格ということばかりを考えて、自分の人格は意外と置き去りにされているのではないかと、危惧するのです。それで「懇切丁寧に関わることができる職場環境が同時に求められます」ということをここで言っているわけです。

認知症ケアの場合は、「その人の生きる選択肢を大切にするケアで、利用者の人生歴や物語をケアの中心に据え、内的体験を聞き」ということが必要です。

亡くなった母が認知症で本州にある特別養護老人ホームを利用しているときに、私が行ったら「徹、よく来たな、おまえと同じようなのが北海道にいる」と言うのです。「いや、おれなんだけど」と。そして「かばんを買って来い。新婚旅行に行くから」と言う。もう時空を超えて、いまや少女に返っているわけです。「誰と結婚するのか」と聞くと「小さい頃に親戚の米屋さんに若大将がいた、その人と」と言いました。私の父親と結婚する前の話ですから、時空がそこまで行っているのです。そのときに私は「よしわかった。かばんを買ってきてやるぞ」と言うと、母親が喜びます。でも、私は明日、北海道に帰っていていないわけですから嘘をついているということです。

トム・キットウッドは悪性の社会心理の中で、嘘をついてはいけない、だましてはいけないということを言っています。しかし認知症の人の内的世界を聞くときに、嘘をつかないで聞けるのでしょうか。「かばんを買って来い」「何をバカな、何をするんだ?」「新婚旅行だ」「誰と?　こんな体で、何を言っているんだ」というような話になるわけです。内的世界を聞くということを考えたときに、当然、その本人が自分の中で描いている思いに応えていくということになると、それは嘘という形になるかもしれない。

ある職員は「私は嘘つきです。認知症の人の前で嘘ばかりついています。どうしたらいいのでしょうか」と言って真剣に悩むのです。そうしてトム・キットウッドは「嘘をついてはいけない」と。嘘も方便と言います。一つのたとえで言えば、お父さんとお母さんと子どもと車に乗ってドライブしていたら交通事故に遭ってしまって、お父さんとお母さんは即死、でも子どもは生き残った。そのときに子どもが「お父さんとお母さんはどうしたか」と聞く。そのときに「死にましたよ」とは普通はすぐには言わないですよね。嘘をつくのです。それは嘘も方便という言い方で正当化されるのです。私は認知症の人に向き合って嘘をつくときに、その嘘がその人の情緒あるいはその人の状態を安定させ、あるいはその人のことを考えた嘘であるとするならば、それは許されるのではないかと思うのです。

ですから、トム・キットウッドの言っている悪性の社会心理というところの本質は、言ってみればパターナリズムの考え方もそうですけれども、結局、職員にとって都合のいいやり方はいけないということなのです。ケアにおいて求められるのは、相手のことを考えてそこにケアの関係が生じる、そして関わるわれわれの本来のケアのあり方も、実はそれを望んでいるのです。望んでいるけれども、そうさせない現実があるというのが、われわれの戦いなのだろうと思うのです。

援助者に求められる専門的技量

利用者と私たちの関係に生じる「ケアの力」というところに戻りますけれども、「ケアの力」は、それを必要とする利用者との関係において、私たちが一方的に働きかけるものではなく、利用者の想いを汲み、それに応じる関係において生じるものです。そのために、私たちには専門的力量が求められます。私たちが、利用者と共にいつも居るということは、頼りにされるということであり、今のこの時を共に生きる者同士として、互いの存在を必要とする関係です。ケアは利用者の自己実現を果たすことで、ケアを担う者の自己実現を果たすものであり、利用者と私たちは相互関係にあるとも言えます。

「ケアの力」というのは、私が持っている力ということをいっているのではなく、そのケアを必要とする人と私との関係において生じるつながりの強さなのだということなのです。その人を知らないことにおいて「ケアの力」などというのはあり得ないのです。当たり前のことなのですけれども、その当たり前のことが、当たり前ではなくなっているような気がするのです。

自分はいろいろな経験がある、いろいろなところに勤めてきて何十年というキャリアがありますという人が、私の施設に仮に勤めたとしても、「あなたは去年来た新人の職員よりも今、力はないのですからね」と言います。名前も知らなければ、どういう人間かもわからない人が、どれだけキャリアを積んできたと言っても力はないのです。関わるということの持つ意味、ケアの継続性というものの持つ力は、ケアの本質的な専門性だろうと思っています。ですから、年数がたたないうちに辞めていってしまうということは、やはり自らの専門性を放棄するというように私には見えます。自分でものが言えない語れない認知症の人が、何を望んでいるのかということを見極めることを、昨日今日来た人ができますか。認知症の人の人生歴は、そこに来て、またそこでの人間関係の中で作られていくのではないでしょうか。

認知症になった時点で、その人の人生は終わるなどということはないのです。認知症になって、また人との関わりの中でその人が生きていく。生きていくからこそ、その人の人格が育まれる。ですから、やはり一方的なものではなく、相互関係のものなのだということなのです。『ケアの本質』という本を書いたミルトン・メイヤロフという哲学者が、生きる意味ということでこう言っています。「ケアが利用者の自己実現を果たすことで、ケアを担う者の自己実現が果たされるのだ」と。

認知症の人のことばから何も返してもらえない中で、どうやってそれを受け止めていくのか。これは昨日、今日のつながりの中ではできないだろうと思うのです。親が子に対する想い。いつも三杯も四杯もご飯を食べているのに、今日に限って食べない、体のどこかが悪いのではないか、顔色がどうも違う、彼女ができたな、のような。些細なそういう変化を見ることができるのはなぜだろうかということだと思います。

われわれは人との関わりの中でいろいろな専門性をちりばめながら、継続的に見ていき、その人をとらえようとしています。ですから、何も言えない自己決定できない人に対して、その人がその人らしく生きるということにどう関わっていくのかという、途方もないことをやっていかなければならない現場の実態があり、言っているほどには楽ではないわけです。それは認知症の人であってもということです。人格は、自分の意志に基づき決定し行動するところにあります。自らの意志を表現することが困難な認知症の人であっても人格はあります。

人格というのはその人ひとりだけで存在するものではないのではないか、関係性の中で人格というのは保たれるのだと思うのです。人格の尊重ということを考えたときに、自分自身を大切にするという意味では、あまり使わないと思います。自分の向き合っている人、あるいは自分の周りにいる人が私に対して寄せる思いなのだろうと。それが尊重なのだろうとなったときに、一人だけで人格が保たれるという話になるかというとならないものです。だから人のつながりというのが大事だと思うのです。どんな状態になったとしても、その人をきちんと考えてくれる誰かが周りにいるということが、その人の人格を支えている。認知症の人の「不可解な行動」の「不可解」さは、認知症の人を取り巻く者にとってのものであり、認知症の人の行動には意味があり、意志に基づくものであることの理解が求められます。

　私の母親の話をしますと、結婚することもそうですが、母親の父で私からするとおじいさんですが生きているのです。母親本人はもう九十歳ですが、こうやって施設にいるとおじいさんが心配するから、行って話をしてこなければならないと言うのです。そういう世界の中で生きているわけです。私が「いや、大丈夫だから。おれが行って、ちゃんと生活しているから心配しなくていいと言っておくから」と言うと、次に叔母の話になって「妹が隣の部屋にいるから一緒に連れていけ」と言うのです。「そうか、わかった」と連れて部屋から出て行った時点で、そのことは忘れていますけれども、それはそれでかまわないことです。

　その不可解さはやはり意味があり、そう思っているということは、本人にとっては事実、真実です。記憶がなくなるということ、ご飯を食べたのに「食べていない」と言うのは、その人が食べたという記憶がないという事実を受け止めざるを得ないわけです。ですから認知症の人の想いを受け止めるケアという感情的な労働、情緒的な労働というのは、そういう意味ですごくたいへんなのです。

　認知症の人の人格を尊重するとは、その人が現在ある自分にたどりついたこれまでの「唯一自ら旅した道」を理解し、この瞬間を生き「今を旅する」その人を支えるということであります。認知症になりながらも生きているその人がいるということをきちんと受け止めて、またその人は確かに施設に来たかもしれない、グループホームに行ったかもしれない、あるいは在宅かもしれない。しかし、そういう病気を持ちながら生きている。そして、その人たちと一緒にそういう人たちを支えながら生きている私たちもまたいる。この関係が大事だと私は思うのです。われわれは、何かと言うと今の仕事の制度や仕組みに翻弄されてしまうけれども、今、この目の前にいて困っている人がいるという事実、現実と、そこに関わっている私がいるという関係、このことを大切にしなければいけないと思うのです。そうでないと、業務という枠の中でいったい私は何をしているのだろうとなりはしないかということです。

尊厳が守られるケア

スウェーデンのある施設の職員の話です。特養を利用しているお客さまというのは二四時間三六五日そこで生活しているわけです。職員は、二四時間三六五日そこにいるのではありません。朝出て来て、夜帰る、あるいは変則勤務の中で部分的に関わっている。その中でずっと生活しているのはその人たちなのですから、「おじゃまします」と言って入ってくるのは職員でしょうと。さも「この施設はおれたちの施設だ」みたいな顔をして、そういうことばの使い方や態度でそこに関わるというのはおかしいのではないのかと思うのです。スウェーデンのそういう施設をコーディネイトする方が言ったのは、「ホームヘルパーが在宅の人に関わるようなものの言い方を、その施設の中ではしなさい」と言っています。それは間違いないと思います。何となくことばの使い方や態度というのは、在宅に行ったら人の家におじゃまするわけですから、大きな態度を取ったりしないでしょう。同じように施設の中にあっても、実際にそこでずっと暮らしている方はそこの主役なわけですから、その人に対してどういう態度で接するかという姿勢は大事ではないかと思うのです。

この瞬間を生き「今を旅する」には「人格が育まれ尊厳が守られるケア」が必要でしょう。認知症により自己決定や自律性が困難になっても、認知症の人の心は豊かに生きており、認知症の人を手段化したり道具や物のように扱ったりすることは許されないことであります。人格を育むケアとは、専門的な視点による継続的な関わりにおいて、その人の「唯一自ら旅する道」の内的体験に耳を傾け、個別的なその人の喜びや心地よさが何なのかを理解し、その人が安らいでいられる対応や環境を見出すケアです。また、ケアの相互関係性により、関わる私たちの人格もまた育まれるものです。こういう関係が成立しないと、私はケアではないだろうと思います。ですから、職員が何でも一方的にしてしまうようなケアというのはケアではないのです。現実はどうなのかと聞かれたら頭を抱えて考えてしまうこともあります。

存在は行為に先行する

『人間をみつめて』という本に神谷美恵子という精神科医は、「存在は行為に先行する」ということばを使いながら、どんなに知識・技術があっても、険しい顔をしてその相手に関わるということは、何の意味も持たないのだと。情緒性というものが人との関わりにおいて大切であるということを言っております。そうすると、知らなくてもにこっと笑って受け止める人のほうが、何かをいろいろ質問して聞いて、それに対して応えようとすることよりも、その人を支えるという意味において何倍も力があるのかもしれないのです。そういうこともやはりわれわれはきちんと受け止めておかなければいけないのではないかと思います。

『認知症になるとなぜ「不可解な行動」をとるのか』という本の著者である、東北福祉大学教授の加藤伸司先生に毎年ご講演に来ていただいています。その先生に「認知症の人は何も言えないし、言ってくれない、その人に対してその人の人格を尊重するケアというのは、どうやってやればいいのか」「自己決定を尊重したケアというのは、どうやったらできるのか」という質問をしました。そうしたら、「その人にとっての『喜び』や『心地よさ』というようなものを持続させるケアを大切にすることです」と言われました。それはパターナリズムの中で、こちらがしてあげている、やってあげているというようなものとは違うのです。

結局、その場的な関係で、その人の心地よさや喜びというようなものがわかってケアできるかというと、できないのです。つながりの中で、時間的な経過を経た中で、この人はこういう表情をしているときはつらいときだな、こういうときはおしっこ、便をしたいんだな、何かつらいことがあったんだなということを見極めることができるということです。認知症の人との継続的な時間のつながりの中に、ケアという力がそこにあるのだろうと思うのです。

認知症の人とのコミュニケーション

コミュニケーションというのは、今の時代の中では手段化しようとして使っているわけです。この人が言いたいのはこういうことだ、その裏を読みながら、ではこういうようにやっていきましょうと。しかし、そうではなく、コミュニケーションそのものが目的なのだという人はいるわけです。こうしてやっていること自体が、その人との関係を作り、その人を支えているのだということ。そのことばの裏を読みながらその人に関わっていくのではなく、そのことばを聞きながら。

認知症の人同士がまったく通じない会話をしながら、なぜあんなににこにこしていられるのでしょう。コミュニケーションというのは、ことばだけではない。ことばというのは、別なとらえ方をすると嘘をつくわけですし、そうでないことを平気でことばとして表現するということもあるわけです。ですから、そうではなくて会話そのものが、コミュニケーションそのものが、われわれの関係の中でやはり目的ではないのかと考えられるわけです。

私も認知症の人との関わりやケアとの関わりの中に、まさにそういう関係性があるからこそ、その人が何が苦しくて何が痛くて、何が食べたくてどうありたいのかということがわかる関係になってくるのだろうと思うのです。そこがわかって初めてその人の人格を尊重する、あるいはその人の人格が育まれるケアができるのだろうと思います。その人と関わってつながりができて、その人がそうやって喜んでくれるという継続性の中で関わっている私たち自身も、私たちの人格が育まれていくという関係なのだろうと思うのです。私自身も「ああ、働いてよかったな。この人と関われてよかったな」となり、そしてその人が亡くなって、ご家族から「家族以上の思いのケアをしてくれて、さぞかし本人は幸せだったと思います」と言ってくれたときに、初めて私たちは迷いながらもこれでよかったのかなということを感じるわけです。

ですから、われわれが単に仕事や業務ではなく、その人との関わりと時間的経過の中で自分の人格も育まれているというものがなければ、この人に向き合っている私は何なのだろうというようになるでしょう。哲学者のマルティン・ブーバーの『我と汝・対話』という本の、「我と汝」「我とそれ」という関係です。今はあまりにも「我とそれ」という関係が多いと言われます。そこに気持ちとして、その人との関係をきちんと構築しているかどうかでしょう。ところが、業務だ、仕事だというようになった場合に、私が関わっているこの生き物は何なのだろうと、なにかそんなふうになってしまっていないかと思うときがあるのです。そういう意味で、ケアというのは相互関係性であるし、関わる私たちの人格もまた育まれるものなのだと、またそういう場でなければいけないというように私は思うのです。

まとめとしてはこのようなものです。このくくりというのは、つながり、互いの人格が育まれる関係です。想いというのは、利用者の人たちには安心という形でありましたけれども、介護職員にも、自分がその人との関係において必要とされていることを自覚しながら関わっていくという、想いがありますから、喜び・心地よさを考えた対応というようになるわけです。

「専門的な視点」ということがあまりにも多すぎて、いちばん肝心なものが見えなくなりつつあるという懸念を感じつつ、そこからできるだけ逸脱しないように関わっていきたいものだといつも思っています。

◆**稲田**——三瓶先生、ありがとうございました。それではこれから村瀬先生と三瓶先生にご対談いただきます。

◆**村瀬**——長いあいだの実践に裏付けられて、お仕事の実践と施策とが裏打ちし合った本当に貴重なお話をありがとうございました。限られた時間の中ですので、これがいちばん本質的なことではないかと思うようなことを二つか三つに絞っておたずねしたいです。

老いを考えるとは？　人はどう生きるか、人生の意味は何か

◆村瀬――コミュニケーションというのは手段であって、そしてそのコミュニケーションをしているプロセス自体に意味があるとおっしゃいました。私は、本来は成長期の子どもやその周りの家族の方や発達障害児を主な対象領域に仕事をしてきましたけれども、はからずもある時期から重複聴覚障害の方でコミュニケーションの手段が本当に限定され、誰も関わる人がないからと言われて、しかもそこの施設は社会経済的に厳しい背景を持って、家族からも半ば遺棄されたような方がいらっしゃる施設に関わるようになりました。

そこでお歳を召されてきた方は、成長期の人とはやはりいろいろなことが違うので、そういう方の高齢者施設を造らなければいけないということで、日本で初めてといわれるそういう施設が埼玉県下にできました。開所してみますと、想像していたことではあるけれども、そこで働いていくというのはたいへんでした。もちろんつらいのは入所者の方ですけれども、しかし今のああいう施設の設置基準の下で、職員の方も燃え尽きてしまってしょっちゅう替わられる。みんながたいへんなので「そこで何かして」と言われました。私は確かな見通しもなくお引きうけするのは無責任なことでもあり、当初お断りしましたが、それでもそこに伺うようになってから四年目になります。

そこで聴覚障害に関連していろいろ考えてきて、日本でそういう重複聴覚障害者というのは本当に生

きにくい厳しい条件の下には暮らしていますが、外国の実情を知りたいと、数年前にスイスの同じ場所を二度訪ねました。世界で福祉が非常に充実している国はスウェーデンと言われていますが、実はスイスのほうが経済的にもいろいろな意味でも福祉は充実しているらしいのです。私はあまりそこは詳しく知りませんし、今こんなことを私が長々とお話をするのは目的ではないので割愛しますけれども。そこに行って施設を見学したところ、成長期の学齢期ぐらいの人から、いちばん高齢の方は九十六歳まで、お年寄りの部門と壮年期の人と子どもの部門というようにありました。

日本人はいませんでしたけれども、アジアからは何人かいて、おそらく世界のあちらこちらからそこに入所していました。入所者数が七六人で、職員が九〇人だったのです。本当に人として自然に大事に遇されているという状況でした。そこのお年寄りの部門の方が十数人いらっしゃいましたけれども、日本人を初めて見たという方が何人かいました。そもそもそこの所長が言っていたのは「スイスに日本人はたくさん来るけれども、ここの施設に訪ねてきた日本人はあなたが初めてだ」ということでした。これもまた私はびっくりでした。全部ではありませんけれども、聞こえなくても発声の練習をしてことばを話せる方もいらっしゃるので「ヤーパン、ヤーパン」などと言われました。もちろん日本の手話と外国の手話は違い、しかもスイスの中でもカントンによって、日本でいうと県でしょうか、またことばも違うので手話もものすごくいろいろある。

黙っていても通じる、コミュニケーション

そのときにたいへん印象的だったのは、そこの部門のケアをしていらっしゃる方が「人生は究極のと

ころはことばだとか記号ではなくて、黙っていても通じる。これが本当のコミュニケーションで、生きるということの真髄はこれだ」と言われたことです。今日、お話を伺っていて、その忘れていたことが鮮やかに思い浮かんできました。ただそこまで行かれるには、お年寄りにどう対するかということをその方が年寄りになったときに急に周りが考えるとか、あるいは私たちがライフサイクルというものを、幼児はこう、児童はこう、中年はこう、お年寄りはこうというようにぶつ切りに考えるのではいけないのです。やはりその人らしい老いた姿というのは、その人の必然性の中で一瞬一瞬を大事にし、また前から大切に思われたという人生が積み重なってその人らしさというのは本当はある。この方はいよいよ後期高齢者で、さてこの方のその人らしさをということをそこから急に考えるのはとても無理がある。実は老いを考えるということは、人はどう生きるか、人生の意味は何かということをみんなが真剣に考えるような世の中が基盤に要るのではないかということをいちばんに思いました。このことがおたずねしたい点です。

もう一つは、私は東京でこういう認知症の方の通所施設とそこで小さなホームのような形で家庭から離れて暮らしていらっしゃる方のケアをしている方とお話ししました。そこにいてもみんなそれぞれ認知症というような状況がはっきりして、介護度の進んでいるような方々の間にあって、なおかつちょっとしたお茶を飲むときや食事のときにいろいろな生活のパターンが崩れている方々の間にあって、それでも「そんなことをすると認知症と言って笑われる」とか「そんなことをするから認知症だと言われるんだ」とか、励ましたり、諫めたりし合っていると聞いて、私はすごく胸を痛めました。

考えてみれば私たちは、健康のときから会話の中に冗談めかして「ボケないように」とか「ボケたら何とか」という会話がとても多いように思います。非常に価値判断的なそれが色濃く刷り込まれています。そもそも認知症というのは好んでそれになる人は誰もいません。そして、あれはやはり一種の病んだ状態というように考えれば、不摂生とかそういうことではないにもかかわらず、そういう状態になっても何かお互いに諌めたりしなければならない。それはすごい強迫観念です。そのときそのときの一瞬を自分なりに一生懸命生きてきたとしても、やはり人生というのは終わりがある。ずっと最高潮に昇りつめた朝日が、朝日のままぱっと幕が下りるような終わりなど、すごくアンナチュラルなことだと思うのです。確かずっと昔「死ぬまで元気」というキャッチフレーズを厚生労働省がお考えになられて、あれを聞いたときに私は本当に恐ろしく思いました。最近は聞きませんけれども。自然というものはあり得るということをみんながもっと素直に自然に受け止める、そういう精神文化がなかったら、人が歳を取るということは、暗黙の恐怖と戦うプロセスのような気がします。

私は今日の先生のお話を伺って、こういうお話をもっと、人生をどう生きるかということの中に取り込んで、みんなが大事に考えるような世の中ができないと、ある種の専門家が高齢者にかかわってくれるという発想では、とても土台のところが十分ではないような気がしますが、いかがでしょうか。

◆三瓶――答えられるかどうか、ちょっと自信はないのですけれども。老いを考えるということは、最初にお話のありました人生の意味というようなことですけれども、アンチエイジングというようなことも言われていて、老化に対して何とかそうではなくてと。

この前、実は三浦雄一郎さんにお越しいただいて講演をしていただきました。あの人のすごいことは、まさにアンチエイジングのような感覚です。要するに七十歳でヒマラヤに登り、そして七十五歳で登り、今は七十六か七十七歳ぐらいですが、八十歳でもう一回登ると。ただ年齢的な問題だけではなくて、糖尿病や、心疾患があって、そして手術をされていて、という状況で挑んでいる。そういう強靭な、人間とは思えない、この人は宇宙人ではないのかというようなことを感じながら、話を聞いたわけです。

そういう話を聞くと、人間の生命力とか人間の意志というものはすごいものなのだということを一方で教えられるわけです。しかし、先生がおっしゃるように、みんながそうかという話になると、私は七十五歳で認知症になるつもりでいるのですけれども、なってもいいように世の中をちゃんとしておかなければいけないと思いながら、身の回りの、とりあえず北広島だけはちゃんとしておこうかというように考えています。

ちょっと話は逸れるかもしれませんけれども、実は公衆浴場を購入したのです。銭湯です。その銭湯は千平方メートルぐらいあり、交付金を使って改築して、そこに共生型のデイサービスを作ろうと。それと地域交流ホームを作って、老いも若きも男も女も、年齢関係なくいろいろな人が来てそこで集える場を作ろうと。共生型デイサービスというのは、年齢、障害関係なくという特区でやるのですが、そういういろいろな人たちがそこに来て、そのつながりの中からいろいろなことをお互いに学ぼうという考え方から、今、取り組んでいる最中です。

価値あることとしての老い

老いという部分を若い人たちに示せなければ、若い人たちはどうやって生きていくのかというように思うのです。老いるということが価値あること、意味あること、早く老いたいなと言わせるぐらいの老いのあり方というような。病気になったり、認知症になったりということは当然あるわけですが、ある障害者は「障害になって私は目覚めた」とおっしゃいました。障害になったことによって、自分は人として生きるということを逆に教えられた。教えられたその人が、また人に教えて感動を与えるということもあるわけです。

ですから私は、地域交流ホームの中で普通に生きてきた人の人生の価値観を若い人たちに話してほしいということが希望なのです。すばらしい生き方をした人の話ではなくて、苦難に満ちた、あるいは日常平凡な状況の中で生きてきて、ここまで生きてきてこんなことを考えながら、あのときこんな思いをしながら、出張しているときはこうだった、ああだった、しかし家庭のことを思えばこうであったと。そういう非常に平凡であるのだけれども、その人がその歳まで生きてきていろいろなことを刻んできた話を、そこに集う人たちにしてほしい。そういう場を作っていきたい。

実は今、ミニ講座、ミニ講演という企画を考えています。一〇人ぐらいというのはすごくいいです。毎回行って認知症の話をするのです。そうすると、私も最近こうだとかああだとか、いろいろな話が出るのです。いろいろな話が出ると、また来たい、また話したいとなるのです。そういう中でつながりを作っていき、生きるということをみんなで一生懸命考えていきましょうという場を作っていきたいと、今やっています。

なぜ老いを考えるのかというと、北広島市というのは人口が六万人で、高齢化率が二一%なのですが、ある町内に行くと四五%というところもあるのです。北広島団地の人口は一万七千人で高齢化率が三〇%を超えているのです。団地は極端に高齢化が進んでいて、みんなそこから去っていくようなことを言うのです。たとえば四〇年ぐらい前にできた多摩ニュータウンなどもそうですし、北海道でいえば大麻団地とか、北広島団地、あるいは真駒内団地などは、高齢化が進んでいて、空洞化という話があるのです。住んでいる人たちにはすばらしい人たちがたくさんいるのです。退職した公務員の方や大学の先生方や、普通に生きてきた人たちの話も聞きたい。そういう人の中で人の生き方を教えていただきながら、ああこうなんだということを実感でき、それをある程度若い人たちにも伝えられるような仕組みができないかということを今、模索しているところです。

認知症者に向きあうこと

一点目はちょっとはずれているような感じがしないでもありませんが、二点目については、認知症という病気そのものの特徴にもよるのですが、よく私たちが言われるのは、なぜ認知症の人に対して病気というとらえ方をしないのかということです。では、がんを持っている人に対して、がんと話をしているのですかということです。がんという病を持っているその人の置かれた状況をおもんばかりながら、私たちは話をするわけです。なぜ認知症を病気として受け止め、そしてその認知症という病気を持ったその人に向き合おうとしないのかという思いです。ですから、私たちのやっていることというのは、病気に対する対応であって、その人に対する対応ではないのです。人に向き合っていないで、病気に向き合っている。そこが、関わっている中でずれていってる原因なのかと思うのです。

病気は誰でもなるわけですから、病気は病気としてきちんと受け止めるということがやはり大事だと思います。私も今年還暦ですけれども、もう一つや二つの病気ではないです。障害者の、とくに意識がきちんとしている人は、働きかけるという行為の中で、働きかける側の話はされるけれども、働きかけられる側の話というのは少なすぎる、と言うのです。私だってこうしてもらいたいということがあると、そうなったときに働きかける側の人との関係というのは、お互いの人と人との関わりなのでしょうと。それを働きかけられる側の人たちは求めるのです。治療的な、医学レベルの何かを改善していくという関わりではなくて、一緒に私のところにいてくれる存在という、まさにいてくれるというところが、その人が生きるところで力になる関係というのでしょうか。そういうことをはっきり言われる方がいますけれども、私は障害に関係なく、やはり人というのはそういうものなのではないかと思います。

人間は愚かかもしれません。よく自然破壊していると言うけれども、破壊しているのは人間なのであって、人間も自然の一部なわけですから、まさに自殺行為をわれわれはしているということです。でもそういう自覚はあまり持たない。やはり人間というのは、どこか奢っているというか自覚がないというか、そうなのかなと思うのです。そういう自然の中で生きている人間ですから、当然、朽ちていくということは当たり前です。朽ちていくということをきちんと受け止めて、そういうものなのだというようになっていかないと、成熟した社会は望めません。

テレビで見たのですが、あるお坊さんが俳句を作り、人間が死ぬときを葉っぱが散るのにたとえていました。表と裏を見せながら人は死んでいくと。ですから、いいときだけではなくて、人というのは裏の部分もあるのだと。なぜあの母親がこんなことを言い出すのかとか、なぜこんな厳格な父親がこのようなことになってしまうのかということもあるわけです。

私の父親は「まなぶ」いう名前で、明治生まれですから気骨があります。たとえばその父親が特養を利用していて、職員に「まなぶちゃん」と呼ばれたら、私の立場としては「えっ」となるわけですよ。もっとも、もし本人が「まなぶちゃん」と言われて「はーい」と言っていたら、その光景を見て私はまた愕然とするのだろうと思うのですけれども。

それでも関わりというもの、その人が生きてきたプロセスというものを含めてわれわれが関わるときには、その人の尊厳、その人の人格というものを考えていかなければいけないと思います。

◆村瀬――ありがとうございました。貴重なお話を妙に要約するようなことをするのはたいへん失礼ですが、物事には良きことも悪しきことも含めてそれはそれとして、不必要に気張った人為を加えたり、理屈を加えて身構えるというよりは、良きことも悪しきことも、それ等が自然な展開の中に起きてくることを一つ一つ素直に受け止めると、もう少し世の中は住みやすく、そしてあまり狭義の価値概念にとらわれなくなるだろう、というように伺ったのですけれども、いかがでございましょうか。

◆三瓶――考えなければならないのは、財政論で福祉や介護や医療が論じられるということです。われわれの命や生活が、単純にそういう、お金が主になるということではないと思うのです。そのいちばん大切なところが忘れられてしまって、何かが別のところで進んでいるような気がして、そこのところを押さえてないままに、われわれは何となく行ってしまっていると感じます。

◆村瀬――今日は老いるということにとどまらない、生きるということ、そこにいちばん大事なことは何かということを私たち一人ひとりに問いかける、貴重なお話を伺うことができたと思います。本当にありがとうございました。

◆三瓶――どうもありがとうございました。

参考文献

北海道老人福祉施設協議会『倫理綱領』ホームページ参照.
神谷美恵子『人間をみつめて』みすず書房.
トム・キッドウッド『認知症のパーソン・センタードケア』筒井書房.
加藤伸司『認知症になるとなぜ「不可解な行動」をとるのか』河出書房新社
ミルトン・メイヤロフ『ケアの本質――生きることの意味』ゆみる出版.

臨床心理士の道を歩むということ

北海道教育大学
佐藤 由佳利

「対人援助の本質について考える」という深遠なテーマをいただいてから、私は自分でどう対人援助をしているのだろうか、自分自身の対人援助の本質は何だろうかということを考えてまいりました。すると、そもそも私は臨床心理というものを学ぶときに、カウンセラーになりたかったのではなかったということを思い出しました。今私は大学で教員をやっていて、臨床心理士になりたいという学生たちにどうしてこれを勉強したいと思ったかと聞くと、たいていの学生たちは人の力になりたいということを申します。たとえば、中学時代、高校時代に友だちの悩みを聞いたのだけれども、うまく聞いてあげられなかった。そんな過去の体験からもう少しうまく聞いてあげられるようになりたいということで学びに来ます。

でも、私はどう考えても自分が人の相談に乗れるとは高校時代、思っていなかったのです。乗りたいとも思わなかったのです。私なんかに相談したってしょうがないだろうと思っていました。それでも、心理学を学びたいと思ったのは、人の心が知りたいというよりも、自分がどうなっているのか知りたい、そう思って大学は心理学科に入りました。

北海道のある精神科医の先生によると、中学や高校で哲学の本を読むのは統合失調症のおそれがあるというのですが、私は中学生向けの哲学の本が図書館にあったのでそのころから哲学の本を読み出しました。そして、ニーチェの「神は死んだ」ということばに非常にショックを受けました。そうか、神は死んだのかと、中学生の私が何をそこでショックを受けたか、よく覚えてはいないのですが、神は死んだのか、死なないのか、すごく考えた記憶があります。神は死んだとすれば、神はいないわけだから、自分の人生から神を引いたらどうなるのだろうと考えました。といっても私は無宗教でした。何か困ったことがあったとき、相談する相手が神様だったのです。これが何教でもなくて、自分の「由佳利教」だったのだと思いますが、神様なんですね。人には相談せずに、神様といつも対話していました。それで、自分から神というものを引いてみたら何が起こるかというのをやってみたら、頼る気持ちが消えて、ビシッと自分で決めなければいけないんだということになりました。自分の中の神様と相談していたのだから、自分なんだと思うのですが、どうしたらいいだろうと誰かに話しかけるというところを自分で禁じてみたら、そこでずいぶん自分が変質した感じがしたのは、たぶん中三、高一くらいの時だったと思います。

そんなことをやっていたので、あまり人と話が通じないのです。なぜ自分はほかの人と違うのだろうということを高校時代ずっと考えていて、大学は哲学科に行きたいと思ったのですが、哲学科に行くと就職がなさそうだということで、心理学科に日和ったというところです。立教大学の文学部心理学科に行きました。今の心理学科に行きますと臨床心理学一辺倒ですが、当時の心理学科は臨床心理はほとんどありませんで、ネズミを迷路で走らせるとどのくらいで迷路をくぐり抜けるかとか、ものがまっすぐに見えるのはどうしてかとか、騒音を何とかデシベルとか測って環境調査をしたり、そんなことをやっていました。

ゼミは臨床心理を選ぼうと思って、村瀬嘉代子先生のご主人である村瀬孝雄先生のもとに入りました。さあ、卒論は何を書こうかなと思いながらいろいろ本を読んでいたときに、河合隼雄先生のご本と出会い、そのなかに「アニムス」ということばが出てきました。アニムスというのは簡単に言うと、女性の心の中に住む男性性ですが、それを読んだときに、私の心を説明するのは、まさにこれだと思ったのです。自分の心の中に少年が住んでいるという感じがあって、これこそ私を説明するものだと思ったのです。

その頃からユング心理学にのめり込んで、翻訳が出ているものをとりあえず全部読みました。読んでもちっともわかりませんでしたけれど……二〇冊くらいでしょうか、当時は端から読んでいっても読める数だったのです。河合隼雄先生の周りをチョロチョロしてみたり、もっと勉強したくてユング心理学と付く講演会は必ず行きました。そのころはカウンセラーになろうという気はあまりなくて、ユング心理学を勉強したいという思いに変わっていきました。

大学院は上智大学に行きました。本当はユング心理学の先生がいるところに行きたかったのですが、そこは全部落ちたのです。上智大学は当時、非常に臨床心理の盛んなところで、基本的なことをきちんと教えてくれて、それは私にとってとても役立ちました。上智大学に通いながら京都とか愛知に通って、ユング系の先生たちのいろいろな教えを受けながら大学院時代を過ごし、初めてクライアントを持ってカウンセリングをしました。そうしましたら、すごく不思議だったのですが、よくなるのです。大学院の二年間で三人の子どものクライアントとお会いしましたが、三人ともよくなりました。当時、東山紘久先生の本を読んだら、最初の二~三年はビギナーズラックでよくなると書いてありました。そのうち、五~六年たつとよくならなくなる。そこから先は、一生懸命勉強したり指導を受けたりすると、また実力が上がってくると書いてあったので、そうか、私はビギナーズラックでよくなっているんだと思ったのです。

ところが、病院に就職して、もっと重い患者さんとの出会いがあるのですが、やっぱりそこそこよくなるのです。そのうちにビギナーズラックは終わるだろうと思っているのですが、それが終わらないのです。そのころから、臨床心理ではスーパービジョンといいますが、いろいろな先生たちに個人的に指導を受けることを体験しました。北海道にいると機会がないので、学会に行ったときにケースを出して教えていただいたり、何かの大きな研修会のときにも出したりいたしました。

学生時代からスーパービジョンを受け続けてきて、とてもいいですねとおっしゃる先生と、どうしようもない、何をやっているのかわけがわからないという先生と両極端に分かれるのです。ぼろくそ言われたこともたくさんあり、しばらく立ち直れないこともありました。亡くなりましたが、佐治守夫先生というロジャース派の先生がいらして、その先生に駆け出しのころにケースを聞いていただいたときに、とてもほめていただきました。「何もしていなくてすばらしい」と言われたのです。私は意味がわからなくて、一生懸命やっているんだけどなと思いました。

村瀬嘉代子先生にも聞いていただいたことがあります。それは安田生命のセミナーでしたが、一〇分ほどプレゼンテーションして、五分くらいで先生からコメントをいただくというものでした。私はいいことばかり覚えていますが、村瀬嘉代子先生はそのとき、「あなたのなさっていることは掌（たなごころ）にそっと包むような感じですね」とおっしゃられたのです。やっぱり何もしていないいんだという感じですよね。

逆にけなされたのは、クライアントの気持ちが全然わかっていない、なぜもっと声をかけてあげないのかということでした。私は、何もしてないとは思っていないのですが、何もしていないのをよしとする人と、何をしているんだ何かしろという人がいるんだなというのが、今はなんとなくわかってきて、私の対人援助の仕方というのは、あまり何もしないということなのかなと、今回、このお題を与えられて、振り返りながら、そんなことを思いました。

プロセスワークとの出会い——アーノルド・ミンデル

カウンセリングはなぜよくなるのだろうという思いが、ずっとありました。開業してしばらくしたころに、自分の中にもう一回最初から学んでみたいという気持ちが起きました。ユング心理学の分析家の先生のところにスーパーバイズを受けに行ったことはあったのですが、その先どうしようかなと思っていたときにプロセスワークというものに出会いました。これはアーノルド・ミンデルという人が始めたもので、この人はスイスで物理学をやっているころにユング研究所に通い出して、物理学者からセラピストになった人です。

プロセスワークについて少し説明します。フロイトは夢分析を始めて、その後夢分析をだんだん手離して、自由連想に移っていきましたが、ユングはずっと夢分析を行っていました。ミンデルは夢だけを分析するのではなくて、ほかのものも分析しようとしました。たとえば朝起きたときに頭が痛い、めまいがするというのは、体が見る夢であるというふうに考えたのです。頭がくらくらするというのは、体が見る夢である。たとえば、私という人間が空を飛び回る夢を見るとします。そうすると、この空を飛び回る夢は自分の体の中で身体症状を起こすしてめまいになって出てくる。夢を分析しても身体症状を分析しても、結論としては同じところに導かれていく。だから分析は何を対象にしていてもいい。対人関係が分析対象になることもあるのです。これをチャンネルとミンデルは呼んでいるのですが、いろいろなチャンネルで出てくる。夢で出てくることもあるし、身体症状で出てくることもある。動作で出てくることもある。

これは私がある本の中に書いた事例ですが、高校生の女の子とお話をしていて、その子は友だち関係の話をしているときに、お腹をおさえる動作をしているのです。友だち関係の話を聞いたあとに、お腹が痛いという話をその子がして、こちらは夢を聞くようにそのお腹の痛みについて聞いているのだけれども、そのときにこういう動作が出る。さっき友だちの話をしていたときと同じ動作をしているねと言ったのですが、彼女はまったくそんなことは気が付いていないのです。人間関係で自分を抑えているというのと、お腹が痛くて圧迫されているみたいだというのは、まさに一致していて、彼女の夢は身体症状と人間関係の両方に現れてきているのです。そういうことをプロセスワークで学ぶうちに、いろいろなシグナルがそのクライアントから発せられていることがわかりました。それを読み取って分析していくというプロセスワークのやり方を学んでいくうちに、今までクライアントたちはたしかによくなっていったけれども、私は実はシグナルを読み取って、自分なりに分析したり解釈して返していたのだということが、理論的にわかってきたのです。何か知らないけれどもよくなるというのは不安なので、何をやっていたのかというのがわかると少し安心で、それをもう少し自覚的にやれるようになると、自分自身のことも相手のこともうまく扱えるようになる。そういう意味でプロセスワークとの出会いは、私にとってはとてもありがたいものになりました。

どんな心理療法も何々派と付いていても、結局、根のところは同じものだろうと思いますが、プロセスワークのプロセスというのは過程ですよね。クライアントの中にあるいろいろなプロセスを読み取って、その人のプロセスどおりに流してあげるということを、プロセスワークでは大事にします。ですから、クライアントに付置されたものを活性化するといいますか、促進させることが、セラピストの役割ということになります。

前に書いた事例ですが、大学受験で頑張って勉強をしているのだけれども、身体症状が出てしまい心気的にもなって勉強が続けられないというクライアントが来たことがあります。そのクライアントと話しているときに、彼女は目が上に行くのです。なにか周囲を見ながらしゃべるので「私がそこに何かありますか、誰かいますか」と聞くと、彼女は「神様がいます」と言ったのです。そこで「神様はあなたのことをどういうふうに見ていますか」と聞くと「勉強をさぼっている。こんなことではいかん、こんな弱虫ではいかん、非常にだめだ」ということをその神様が言ったというのです。「ずいぶん厳しい神様ですね」と私が言ったところからセラピーが展開していきました。何回かやっているうちに、神様が少し批判的な目を和らげてくれて、見守ってくれるような神様に変わってきました。私も昔、神様と対話していたけれども、この人も神様と対話しているのだなと思い、彼女と神様との対話がうまくいっていないので、彼女は身体症状が出てきてしまったようだということを感じたことがあります。

私自身の神様との関係はどうなったかというと、クライアントとの間で行き詰ったときに、どうしたらいいかなと神様にお伺いを立てます。これはなんと声をかけたらいいかわからない、私にはどうにもできないというときに、私を消して神様にお聞きする。そうすると、そこから何か答えが来るというイメージですが、そのときは、私は神様のことばを伝える巫女さんになった気分です。

プロセスワークでは、シャーマニズムということを言います。セラピストはシャーマンであるということをミンデルは言っています。だから、この考え方は私のオリジナルではなく、ミンデルがすでに言っていたことなのだと思いますが、場合によってはシャーマニズムは乗り移りますので、その人の中にある、あるものを演じることもあるわけです。たとえば友だちと喧嘩してののしられたときに、これはロールプレイと言いますが、どんなふうにののしったの？　と聞いて、私はその友だちになってやってみせるわけです。今私がこんなふうに言ったら、あなたどんな感じがする？　とか、逆にやってみようかということをやったりします。

その人の中にあるロール（役割）

私にとって対人援助とは、その人の中にある――プロセスワークで言うとロール（役割）があります が――どんなロールがその人の中で付置されているかを読み取りながら、私がそのロールになったり、あるいは足りないロールを私が演じたりしながら面接をしているのではないかと思っています。昔はもう少し無意識にやっていたのを、今は比較的自覚しながらやっているというのが、私の現在のセラピーのやり方かなと思います。

河合先生が札幌で講演をされたときに、ある参加者の方が先生に素朴な質問をされました。たしか、「どうしてもよくならないクライアントさんはいますか」という質問だったと思いますが、そのときに河合先生は「どうしてもどうにもならないときは、大地から答えが来るんだ」とユーモアたっぷりに「アース」とおっしゃっていました。河合先生は、土の香りがする、大地とすごく密接にかかわっている方だなという感じが私はしていました。だから大地から答えが得られるんですと言われたときに、ああそうだな、河合先生は大地から答えが得られる人だな、と思いました。

私の場合は大地に聞いたって答えは得られなくて、このへん（上方）から降ってきます。高校生のときの、私なんかにカウンセリングができるわけはないという思いは、やはり今でも続いています。私が何かこの人にしてあげられるわけはない。でも、私はこのへんで何か言ってくることをお伝えする巫女さんにだったらなれそうな気がする。その人の中のいろいろなロールを読み取って、こんなロールがあるよねとか、このロールはもう少しどんなものかはっきりさせようとか、そういうことならできるような気がする。それが私の対人援助ではないかと思います。

民間相談室といわれるものですが、マンションの一室を借りて開業していました。クライアントに面接をして、お金をいただいてということを九年やっていました。その仕事をなぜ辞めて今大学にいるかというと、その間にプロセスワークをやっていて自分の中にいろいろな変化が起きたということもあるのですが、有珠山の噴火が転機でした。神戸の震災のときにボランティアに行ったので、災害時の緊急支援やボランティアに関心を持ち始めていたころで、その時に有珠山の噴火がありました。以前は、臨床心理士が心のケアをすることは常識ではなかったのですが、それが有珠山のときは当たり前のように臨床心理士会と北海道教育委員会が連携して動きました。けれども、噴火してすぐに入れたらよかったのにとか、ボランティアに行っただけではお金がもらえないとか、いろいろな問題が出てきました。それで、子どもたちを個人的にカウンセリングするということも大事だけれども、もっと組織的に大きな目で見てやっていかないと、こういうときに役に立たないのではないかと考え、大学に入ったらそんなことができるかしらと思ったのです。そして、教育大学の教員になりました。非常に札幌市教委だとか道教委だとか、教育界と密接ですから、あらゆる意味でかかわりが出てきました。

ワールドワークという試み

そうして現実レベルでの組織づくりもやってきたのですが、一方でプロセスワークも続けています。

体を分析したり人間関係を分析するのですが、人間関係というのは一対一の人間関係だけではないですよね。たとえばカップル療法とか家族療法になると人数が増えてきます。プロセスワークはもっと大きな集団を扱います。世界に起きているいろいろな葛藤を取り上げてワークをする、ワールドワークというものがあります。これは一週間くらいかけて、多いときだと二〇〇人くらいでワークします。日本でやるときは通訳が入る関係で五〇人くらいに制限するのですが、これがワールドワークという試みです。

ワールドワークの考え方はおもしろいもので、個人の中で起こっていることに小宇宙があるわけです。そうすると、個人の中に一個ずつロールがあって、向こうの人もロールがあって、それがそれぞれ呼応する。二人でそこで呼応する。三人になると、それが三者共鳴してくる。それが一〇〇人になっても、いろいろなところで動いてくる。そういうことが展開されていくおもしろさがあります。ワールドワークは日本で今人気があって、海外でワールドワークをやると、たくさんの日本人が行くのです。

それほどの規模でなくても、たとえば、私がスクールカウンセラーで学校に行ったり、緊急支援で呼ばれて学校に行くことがあります。そうすると、登場人物の一人ずつがどう動いていて、どんなロールが動いていて、何が今起きているのか。私がその学校のスクールカウンセラーとお話をしたときに、この子はこういう子なんですと説明されている様子を周りの先生たちも聞いている。そのときの表情で、このスクールカウンセラーのことをどう思っているか、その子のことをどう思っているか、その説明についてどう思っているかと、いろいろなものが出てきます。そういうものを読み取りながら、今ここで私が何をしたらいいのかということを考えていくのです。緊急支援で入るときは一、二回しか行きませんので、今ここで足りなくて、この学校という組織の中ではできないことは何かということ、そしてまずここで私が何をするべきかを考えます。こういうときにはワールドワークがすごく役立ちます。

　スクールカウンセラーとして学校の中にいるときに、たとえば先生同士の仲が悪いとか、いろいろなことがあるわけです。この先生とこの先生の仲が悪いことと、この子が学校に行けないという問題と、何か関係していないか。現実的にはそんなことは全然関係していないし、先生の仲が悪くて、子どもが学校に来ないなんていうことはほとんど起こらないのです。たとえば生徒が学校に来られないと、先生たちは家庭が悪いんだよねという噂をしている。ところが、この子は学校でいじめにあったから行けませんと主張する。親は学校がちゃんと対応しないから、この子は学校に行けないのだと言っている。そういうところにスクールカウンセラーが入っていくのです。

　そこでは、お互いに相手の陣地でもめごとが起きているということを言い合っている。誰も自分のところで何をするかという話をしていない。そういう場合、まずみんなに自分ができることは何かを考えてもらうことが大事だと思ってアドバイスするのは、あまりプロセスワーク的ではありません。私は何ができるかということをまず表明するのです。スクールカウンセラーとしてカウンセリングをして、この子の様子を皆さんにお伝えすることはできるということをまずお話しして、それ以外に私ができることは何かということを皆さんからお聞きする。すると、みんなが自分ができることを少しずつ言ってくれるようになってくる。

　そうすると、学校の中で起きている関係性のなかで何が動いていなかったのかが見えてきます。それが子どもが学校へ行かないわけですね。子どもも学校に行かなければいけないと思っていると言いながら行かない。親もちょっとネグレクト気味で、子どもを育てるということをしない。学校もいじめの問題に取り組んでいない。みんな自分のすべきことをしていない中で、どうやったら自分のことをするというロールを動かしていけるか。これが欠けているのだから、あなたやってくださいと言うと前に進みません。だから、私がそれをやりましょう、私のできることを一生懸命やります、ほかに私ができることはないか、皆さん教えてくださいと言うと、徐々にみんなほぐれてきて、自分のできることを話してくれるようになってきます。それがプロセスワークの、とくにワールドワークの勉強をしていたときに学んだことでした。

クライアントに対して何ができるか

対人援助の本質を考えていると、一対一の中で自分がこの人に何ができるか、この人にどう語りかけていくかというところは、どう考えても抜けていて、周辺のことばかりが自分の中に出てきて、本質が出てこない。私はたしかに対人援助職として働いていて、結果的に対人援助にはなっているのだけれども、実際やっているのは対人援助ではないかもしれないとか考えていったら、だんだんわからなくなってきました。

ミンデルの弟子の一人が不思議なことを言っています。南極で火鉢を使っても温度は上がらないが、南極に火鉢が置いてあると考えると気分的に暖かくなる。セラピーというのはそういうものなのではないかと言っています。セラピストの役割というのはそんなものなのかなと思っています。

今日もカウンセリングをして、子どもの保護者に「アドバイスが欲しくて来ているのですが」と三回くらい言われたのですが、いいアドバイスが全然思い浮かびませんでした。でもその保護者の方は、来たらほっとするから来ているのです。その保護者の方の置かれている状況は南極のようにすさまじい環境で、私という火鉢がいたからといって少しも温度は上がらないし、氷も溶けないのだけれども、火鉢のそばに寄るとなぜかほっとするので、その方は来られているのだと思います。そんなことしかできない人のところに来てくれるので、何かの助けにはなっているのだろうという感じです。何もしていないなと思うのだけれども、何もできないなとは思っていなくて、何かしなくてはいけないともあまり思わなくて、それでも一緒にいると何かが変わっていくのです。やっぱり不思議ですよね。

子どもが教室の中にいられなくて飛び回っていてどうにもなりません、という子が両親と一緒に来て、一時間話をして帰っていきました。次の週には、子どもが教室の中にいるようになりました、という不思議な話がよくあります。両親の話を聞いて、子どもは部屋で遊んでいて、一時間過ごしただけなのに、なぜ子どもは教室の中に入ったのだろう。家の中でも暴れていましたが、この一週間は落ち着いていました。はあ、そうですかというような感じで、それは私が駆け出しの大学院生のころからそうでした。毎晩二回おねしょをしますという子が、一回プレイセラピーをしたらおねしょが一回に減った。お母さんは、今までいろいろなところに行ってもまったく変わらなかったのに、ここに来たら半分に減りましたとおっしゃいました。大学院生のときですから、初めてケースを見たときです。よくわからないけれどもセラピーというのはすごいなと。たぶんこの守られた空間の中で一生懸命お会いすると、なんだかよくわからないけれどもよくなる。だから、おねしょの子に私が何をしていたか、振り返って見てもよくわかりませんけれども、一生懸命その子のプロセスを見ていたのだろうと思います。

今は年を取りましたので、大学の相談室に来た中学生がいろいろ話してそのあと学生にケースを任せてやってもらうと、学生相手のほうが子どもたちが生き生きとしゃべっています。私みたいなおばさんだと中学生は仮面をかぶって、いいことしか言わないのですが、学生に渡した途端にいろいろなことをしゃべって、本当は学校なんか行きたくないんだよねみたいなことを言うわけです。それを見ると感激して、私ではだめなんだな、学生のほうがずっと子どもの気持ちが聞けるんだなと、少しうれしくなったりします。私が学生のころの先生であった霜山徳爾先生が、「学生が見るとみんなよくなるよね、私なんかが見ても、ちっともよくならない。やっぱり学生はいいよね」とおっしゃっていましたが、その心境ですね。今その先生の年に近づいてきたのだと思いますが、若い人たちが一生懸命やると、子どもたちがすぐ心を開いて、お互い一生懸命やっている。

若いころは、クライアントである中学生がこの漫画を読んでいると言ったら、一緒になってその漫画を読みましたが、今は忙しくてできないですね。誰が何の本を読んでいたかも覚えていない生活をしていると子どもたちも、このおばさん話合わない、となりますよね。なんとか子どもたちの話に合わせなければいけないから、若いころは一生懸命テレビも見ました。そういう熱心さが今はなくなってきて、東山紘久先生が本で書かれたように、そういうフレッシュな感じではできなくなっている、やっぱり落ちてきたのだろうと思います。そのころ一生懸命プロセスワークを学んで、少し自覚的にやれるようになったという部分がクロスして、なんとかあまりひどいセラピーにならずに少し自分がもっているのかなと思っています。

ずいぶん長生きしてきましたので、これから先、私のセラピーをどうしていきたいかということを考えます。今は実際にセラピーをするより、学生の指導をするほうが多くて、学生のやっているセラピーを聞きながら、そんなのではいかんと怒ったり、なんてすばらしいのだろうと感動したりしています。どちらにしても、臨床心理士、セラピー、カウンセリングというのは本当におもしろい仕事だと思っています。カウンセラーはみんなの悩みごとを聞いていて大変なお仕事ですね、と言われるですが、そう思ったことはないです。毎日こんなすばらしい話を聞ける、なんてすばらしい仕事だろうと思います。

年配の方で、誰にも言えない、墓場まで持っていく話だと思っていたのにここで言えました、ということをおっしゃる方がいます。日常生活でそんな話を聞くことはないですが、その方の人生の本質的な部分をセラピストだから聞かせていただける。私という人間が一人でそれを受けるのはしんどい気がして、どこかに神様がいてその代わりに聞いているような感じがあります。私の師匠の霜山先生はクリスチャンでしたので、必ず授業の前にも手を合わせましたし、セラピーの前にも必ずお祈りしてから聞くということをされていました。私は無宗教なのでしませんが、クライアントがすごい話をされているときは、個人ではなくもっと大きなものが背景にあって、それがその話を受け止めている。私は代理人にすぎない。そんなことを考えながら聞いていることが多いです。

私もいずれ自分が宗教というものを持つのかなと思っていましたが、そうはならなくて、由佳利教のままでいきそうな気がしています。ユングが昔、BBC放送で、「あなたは神を信じますか」と聞かれたときに、「私は神を知っています」と答えたという有名な話があります。ユングは牧師の息子なので、私が知っているとまで言ってしまうとおこがましい気がしますけれども、神を感じているという感じでしょうか。いつもどこかに神様がいるのを感じている。昔は神は死んだと言われて、神と決別したのですが、また神様は私の周りに戻ってきて、神様に相談したり尋ねたりするわけではなく、神様ともう一度出会って、神様にセラピーをやっていただく。私はその代理人として生きている感じ、それが私の対人援助の本質かなということが、今回お題をいただいてから考えて、出てきた結論でした。

◆**稲田**――佐藤先生、どうもありがとうございました。それでは、引き続き、村瀬先生と佐藤先生の対談に移らせていただきます。

◆**村瀬**――佐藤先生、どうもありがとうございました。

これまでのお話を聞かれるときとちょっと違って、皆さんのご様子を拝見していても、独特の感じで、引き入れられて、これはどういうふうに受け止めようか、自分はこんなふうに思えるというふうに、一人ひとりが考えながら引き入られて聞いていらしたように思うので、まずフロアの方から、こんなふうに思った、ここをぜひ聞きたいということを口火を切っていただいて、それをもとに展開していったらと思います。

◆**佐藤**――何か自分の中で賦活されたものとか、イメージとか、そんなものでも結構なので、ことばにすると難しいかもしれませんが、感想みたいなものでもいただけたらありがたいと思います。

◆**村瀬**――たとえば、ミンデルはこういう人で、プロセスワークはこうだという、ある種の定型から入っていけば、そこに方向付けられてしまうと思います。これはその方その方のいろいろな受け取り方、発展のさせ方がある、そういうお話を伺いましたので、どうぞ、こういうふうに思うとか、それに付随して、こんなことをお尋ねしたいということが、おありだと思います。いかがでしょう。

◆稲田――お話を伺っていて、私の知らない世界という感じがすごくしました。というのは、私は基本的にオリエンテーションがよくわからないので、私自身は現実的な世界でカウンセリングをしているように思います。佐藤先生のお話のように、抽象化された世界の中で神様が出てくるというのは、私はあり得ないです。あり得ないというのは、いいとか悪いとかという話ではなくて、私の世界の中で神様はどこにもいない、基本的にクライアントさんと自分の間で何かしているという感じ、現実の世界の中で、そこだけで動いているという感じがします。そこに神様が最後にやってくるという感じは新鮮というか、ああなるほど、そういうかたちで普段お仕事をなさっているのかなという気がしておもしろかったです。

そのへんのイメージをもう少し具体的にと言うと、神様というのは具体的にはならないですよね。だから、そこが先生の感性のレベルではどういうふうに感じられているのかなというのを、もう少しお聞かせいただけたらと思います。

◆佐藤――稲田先生は子どものときから神様はずっといないですか。

◆稲田――小さいときは近くに教会があったので、日曜学校に行ったりしていたんですが、そんなに信心のある家ではなかったし、仏壇はあって、祖父はお経を唱えたりしていましたが、あまり感じられないですね。

◆佐藤――私の家はまったく宗教がないんです。神棚があったことも、仏壇があったこともないです。父はそういうのが大嫌いで、葬式もいっさい坊さんは呼ぶなという人だったので、まったく宗教色のない家でした。母は、神様はいるに決まっているじゃない、その人その人の神様がいるのよという人だったので、私と同じだったのだと思います。私は神様はいろいろなところにたくさんいましたね。たとえば、子どものとき夜寝ていて、壁のしみに気づくことがありますよね。ロールシャッハですね。ああいうのを見ながら、そこに鳥の神様がいるみたいな感じです。

私の子ども部屋の壁に何かしみがあったのですが、それが私にはクレオパトラに見えたのです。私はそれを自分の母親だと信じ、母のことをあの壁の母親から頼まれている養母であると信じていたのです。母はもちろん私を怒るし、私の気に入らないことをいっぱいするのだけれど、それは継母だからだ。本当の私のお母さんはこのクレオパトラだと、小学校五年生くらいまで信じていたのです。だから常にファンタジーの中で生きていたのではないでしょうか。

◆**村瀬**――今のお話を伺って思いますことは、原理としてはそうだろうなと思えることです。なぜかといいますと、世界のもとになる宗教というのは、地球上で非常に気象条件の過酷な、生きていくのにつらいところで生まれました。たとえばハワイ、オーストラリア、ニュージーランドだとか、そういうところでは、ユニバーサルに広がる宗教とか、本当に深い魂を揺さぶるような芸術は生まれませんでしたよね。

古い昔の時代、人は生きていくときに、灼熱の暑さや、大切なものが得られない苦しみがあり、なぜこんなに生きるということは苦しいのかと人が思ったところに、神というものが生まれたのだと思います。これはきっと、灌漑をしたり、どうしたら作物を作れるかとか、獲物をつかまえられるかということを、自分たちが考えて努力をするために、神様が与えてくださる苦難であろう。苦難だけれども、自分たちが生きるために、もっと聡明になっていくための刺激かもしれない。そういう努力をする私たちをどうぞ神様お守りくださいとか、ときには、神よなぜわれわれにこんな苦しみを与えたもうかと聞いたりする。でも、かたちが見えたり直接対話もできない。そういうものを考えついたというのは人間のすごいところだと思います。

そして、少しでも生きやすくなるために、どう灌漑をしたらいいか、作物を作ったらいいか、便利な道具を作ったらいいだろうかと考えるところで、人間が文明というほかの動物が持っていないものを発展させて、一方で、こういう高度な機械文明をずっと発展させてきた。死亡率が高く、明日どうなるかわからないという過酷な状況で生きていた古代の人が、神というものをもち、何か生きる拠り所でもあり、それを守るものでもあり、また試練を与えて磨いてくださるものでもありと思ったときに、人間はほかの動物よりは少し違うようになれたのではないだろうか。

今日のお話を、そのことばのレベルだけで聞いていると、そんなふうには聞こえなかったり、受け止められない方もあったかもしれません。クライアントを前にして、自分が今持っている知識、技術で、明快な何かをなかなか提示できない、今相手や自分がぎりぎり考えたり、いろいろ持っているものを調べてみても、ここが限界ですというときには、極まるような感覚になります。そんなとき人間というのは、非常に基本的に傲慢なところがありますので、自分を過信していたり、ナルシスティックであったり、そういうものから、ちょっと解き放たれた瞬間になるのが、神様が現れてくるということではないかと思うと、非常に納得がいく、そうだなと思えます。だから、佐藤先生が近代的な意味で、非常に謙虚になられている瞬間だと思いました。

事実に対して忠実に素直になること

◆村瀬――人が事実としての自分の無力さを素直に認めるときに、いろいろな根拠のない願望や過信のうえで、あれこれあがき苦しみながら考えているよりは、事実に対して忠実に素直になるということ、そこからものは始まりますね。すると、次にどうしようかとか、何か知恵も湧いてくる。そこにたまたま介在している巫女だとおっしゃったというふうに考えると、今日的な意味で謙虚になられる瞬間だと私は思います。でも、こんなことをあまり言うと、せっかく巫女と言っていらっしゃるのが、つまらなくなるのかと思いましたけれども。

◆佐藤――私は村瀬先生のお話を聞いていて、稲田先生は神を必要としないような家庭環境の中で子ども時代を過ごしてこられたのだろうなと思いました。

学生のときに、村瀬孝雄先生が壺イメージ療法とか、内観療法とかフォーカシングなどいろいろなことを教えてくださり、合宿をしてやってみたりするのですが、私がクライアント役をやると、どれもうまくいかないのです。セラピスト役はできて、相手がよく展開するのですが、クライアント役は下手なのです。

私の思っているのはこういうことなんだけどといくら伝えても、うまく伝わらない。私は教育分析を受けた経験もあって、そのときも私の言っていることが理解してもらえない。プロセスワークをやったときに初めて理解してもらえた感じがあったのですが、たぶん人間レベルではなかなかわかってもらえないので、神様に行ってしまったのかなと思ったのですが。私は砂漠のような過酷な環境の中に暮らしていたわけではないけれども、感じとしては、やはりどこか砂漠的な感じだったのではないかと……。

◆村瀬――べつに食事の心配がないとか、恵まれた家族というふうに第三者が見て、そう思えるものは、当事者にしてみたらまったく違ったふうに受け止めてということはときとしてあることで、しかもそういうときは第三者には非常に理解されにくい。そういうときに味わう孤独というのは、誰が見ても本当にあの人は大変だなと思うような孤独とはまた違う、理解されない深い孤独ということがあり得ますよね。そういう意味ですね。

◆佐藤――そうですね。そんな感じがありましたね。

◆村瀬――壁のしみのクレオパトラが本当のお母さんでというのは、私はあなたのお母様は普通に言えば、とても心優しい立派な方だったと信じて疑いませんけれども、でも何かあなたとしては、ぴったり波長が全部合っているとは言いかねるところが、なんとなくあったのかなと。しかも、それは何か意図的な悪意ではなくて、一生懸命善意ではあるけれども、合わない波長というのも、ある意味で決定的なところがありますしね。そういうふうに、壁のしみのクレオパトラをお母様と思ったのですが。

◆佐藤――日本の普通の女性の子どもではなくて、クレオパトラの子どもってどういう意味だったのだろうと思いますけれども。

◆村瀬――クレオパトラというのは非常に聡明で、潔くて、屈辱に甘んじなかったのではないですか。毒蛇に自分の身をかませて死んで、すごいことじゃありません？　本当の誇りを持っていたし。たいていの女の人にはそんなの無理なことです。あなた、理想が非常に高かった。

その人の中にあるロールを見つける――クライアントの主体性を大事にする

◆佐藤――そういうことですね。そんな人を母に持ちたかったということですよね。それは普通の女性には絶対できないことですよね。

◆村瀬――おそらく、ミンデルは普段、親しく、読んだり、聞いたりなさらない方には、何か一見違う世界のお話のように聞こえたかもしれません。けれども、大切なところは、その人の中にあるロールを見つけて、その付置されたものが、それらしく活性化され、その人の中に、それがいい循環が起きることを助けていくと言われたところです。これは、クライアントの主体性を大事にして、こちらが妙に操作的に、思うように引っ張らない。その人がその人らしく生きていかれる、その人の中に予定調和的な方向があるに違いないという、人間に対する信頼と、人に対する自立性への尊敬とがあるやり方だと思います。

だから、用語の上だけ聞いていると、異次元のことのように聞こえるとしても、実は非常にユニバーサルな、大切な誰にでも、基本においても通底する、そういうことを話されているというふうに私は聞きました。

◆佐藤――ありがとうございます。自分の言いたいことが伝わっているかどうか、うまく伝えられないなと思っていたところ、かみ砕いてお話ししていただけたと思います。

◆村瀬――最初に、人を助けるとかそういうことの前に、何か勉強するのが楽しくて好きだったとおっしゃいましたよね。これはやはり無手勝流で何も勉強しないで、その人の中に流れる、すでにプログラムされた、その人なりの生き方や方向性があるだろうということを、ただ言うと、これはなにか教条主義的な考え方を口先で言っていることになりますけれども…。実際に相手の中にある可能性のようなものが賦活されて動き出すためには、やはりこれはことばのレベルで、あるいはただ信じて言っているというよりは、困ったなどうしようと思っても、思うに至るプロセスでその人やその人にまつわる周りの条件について、みんなに伝わる共通語で言えば、きわめてプラクティカルなアセスメントをされた結果だと思いますが、どうですか。

◆佐藤――そうだと思いますが、実際にミンデルがやっていることを見ると、やっぱりマジックに見えてしまうんですね。

◆村瀬――それはすごいスピードと正確さですから。けれども、そこで生じていることを、あえてことばにするとそういうことで、それがものすごく的確で速くて、しかも普通アセスメントということばで言われることをするには、いろいろな資料とか、なにか考えながら、そこから、えーと、だからこういうふうな結論が引き出されますというふうになるのが、ほとんど肩に力を入れないで、一瞬のうちにフワッと、という感じですよね。

◆佐藤――そこまではいかないですけれども。

◆村瀬――だから、それはスピードと正確さでどれだけやるかということで、そこに働いているメカニズムは、先ほど私が敢えてことばにしたようなことではなかろうかと思います。

◆佐藤――そのアセスメントをすることをいかに正確にスピーディにやるかというところを、ミンデルにどうやってあなたみたいにできるかと変な質問をしたことがあるのです。ミンデルは、とにかくトレーニングだ、トレーニング、トレーニングと言ったのですが、私たちは後ろのほうでトレーニングしたってミンデルにはなれないよねとか言っていました。でもプロセスワークには資格があるので、トレーニングプログラムを一年、二年やっていくと、みんなアセスメント能力がものすごく向上していくのです。それまで全然できなかった人たちが、それこそスピードと正確さで、かなりのことができるようになっていくので、ミンデルにはなれないと思うけれども、トレーニングで、それはやれていくところなのだと思います。

◆村瀬――やはりトレーニングというか、教育というか、それを信じることによって、教育も養成も成り立っているし、また人間というのは、もとはそういうものでしょう。少しでも自分をよりよくしたいというところがあるので。

◆佐藤――自分がよりよくなっていくのがすごくうれしいですよね。成果が上がっていって、臨床心理は勉強するとお金がかかったりしますが、セラピーもお金をいただいてセラピーをしているときはそうですけれども、これだけ払ったものに対価が返ってきているという感じとか、それ以上のものを得ているとか、勉強しているときでもお金を払っているけれども、それ以上のものが身についてきて、自分自身がどんどん変わっていけるとか、そういう感じがあるとすごく楽しいですよね。

◆村瀬――どうでしょうか。今日お話しになったようなことを、普段お話しになって、人はすんなり素直にそうだというふうに、すぐあなたが望まれるように、たいていの人は理解されますか。どんな感じですか。

◆佐藤――今日のような話をしたことはないです。

◆村瀬――とっておきの話だった。ありがとうございます。

◆佐藤――私の対人援助の本質ということを正直に話そうと思うと、こういう話になってしまったという感じですね。

◆村瀬――なるほど。たとえば自分が話したあと、聞き手がどう感じるかというのは、またとてもいろいろ意味があると思いますが、どうぞご忌憚のないところでいかがですか。

◆佐藤――あまり頭の中でこれを話そうと考えてきたわけではなくて、ただ、話せることと、話せないことは、壇上に上がったときに決まると思っていました。でもかなりの部分が、村瀬先生の作っていただいた雰囲気で話せたなと。ですから、ここで対人関係の援助をしていただいたなという感じがあります。

◆村瀬――それで、稲田先生のご質問はまたある意味で、世の中のある種の標準というか、ある共通感覚というレベルで考えると、きわめてリーズナブルな質問だというふうに、それはそれとして、また得心がいっていただけたでしょうか。

◆佐藤――父も神様がものすごく嫌いで、全然だめだったし、夫もそうなのです。自分の身近にいる人たちはまったくそういうものに無縁で切り離されてきている人たちで、神様なしで生きていくということが可能なことも私は不思議なのです。だから、稲田先生に本当に神様はいなかったですかと聞いてみたのはそこですね。

◆村瀬――おそらく今のことはフロアの中にも両方の方、あるいは中間のところで、どうしようかなと思って迷っていらっしゃる方もいらっしゃる。どうですか。稲田先生、今までのところのやりとりをお聞きくださって、少しフロアを代表するお気持ちも込めて。

クライアントのシグナルを読み取る

◆稲田――神様に関しては、ある意味で、私は苦労を知らない育ち方をしたのかもしれないです。そんなこともないかなと思ったりもするのですが、そうかなと思いながら。それはさておき、先生の話の中で、たとえばシグナルを読み取るという話がありました。クライアントがいろいろなチャンネルを持っていて、そのチャンネルに合わせてシグナルを読み取っていくみたいなことをおっしゃいました。そういった部分はすごくしっくりきた部分というのが一つあったわけです。基本的にはどういったところに自分の思考の根っこを持ってくるかというか、そういった部分が神様だったり、その現実だったりというところに変わってくるだけであって、そのなかで基本的にクライアントの出してきているものを、そのままのかたちで受け止めるということに関しては、神様でも生身の人間でも同じなのかなという感じがします。先生のシグナルを感じるというのは、いわゆる共通の感覚というものかなと、すごく感じました。

それからもう一つ、おっしゃったのは何もしないことがよろしいとほめられたというお話をされました。その何もしないことのしんどさがありそうな気がするのです。何かしたくなってしまうのではないか。

◆佐藤――だから、何もしたくないのです。何もしたくないというよりも、助けなければいけないと思っていないというところをほめられたのですが、私が助けるというふうに思っていないのです。だから、そういうことをしていないということだと思います。いろいろやっているのですが、たぶん私が助けないといけないとか、私ができないとか、私が無力であるとかという、私がないのです。それは私としては自然なことなので、苦しくも何ともなくて……。

稲田先生の話を聞きながら、連想がほかのところに行っていたので、その話をしてもいいですか。臨床を始めたばかりのとき、たまたま入った旭山病院というところは、アルコール依存症病棟がありました。ＡＡとかやっていると、アルコール依存症の人はやはり宗教的な世界に一度入っていきます。当時、一緒にお仕事をしていた池田先生という方が、アルコール依存症のことをやっていたときに、ＡＡでやっぱり神様が出てくるわけです。あれは仲間と言い換えたらいいのではないかと言われたとき、私はものすごくびっくりしまして、仲間ではだめだろう、やっぱり神様でしょうと思ったことがありました。依存症だとか虐待だとか、そういう人たちは神様を持ってこないとだめかなという気が私はしていて、シグナルを読むとか、チャンネルがどうのというところは、どんなところでも使えるのですが、かなり魂の部分をやらなければいけないようなクライアントの場合は、もうちょっと違う次元ではないかという気がします。

◆**村瀬**――稲田先生もやっぱり違う次元というところから、ちょっと……なんですよね。

◆**佐藤**――プロセスワークで、ある大学で修士論文を書いた人が、おもしろい実験的なのをやっていました。一人のクライアントさんがいろいろなセラピストにかかって、そのときの記録を全部もらって修論を書いたのです。たとえば同じ人が、私と稲田先生の両方にセラピーにかかって、後ろに神がいる人といない人のセラピーの違いみたいなものを語ってくれると、何が違うのか、何が行われているのかが見えてくるかもしれないということを、今感じました。これはたぶんセラピーのタイプであって、稲田流がいいという人と、由佳利流がいいという人と、それぞれあるのだと思います。そこはセラピーのスタイルかなと思います。

◆稲田——本当にスタイルだろうなと思います。いつも村瀬先生のお話を伺っていて、未熟だな、できていないなと思うところは、やっぱり自分のスタイルになってしまうというところがあるのかもしれないですね。

だから、そういった部分で、やはり違うスタイルというもの、たとえば、今佐藤先生がおっしゃった魂の部分がコアな部分になっているクライアントさんというのは、たぶん私は苦手なのだと思います。あまりお会いすることがないかもしれないですし、そういったところに何かかかわらなければならないというと、現実的な部分でどうかかわったらいいかというのはわからなくなってしまいますよね。そういうことはあるかもしれないなと思います。

◆村瀬——たぶんフロアにいらっしゃる方も、魂ということばを、本当にたまに極め付きの、それなくしてはその状況あるいはその事柄について、どうしても腑に落ちかねるというようなときに、魂がというのを聞くと、そうかなと思われるけれども、魂を連発されるような講演を聞くと、うーん、魂というのはそんなに安いものだろうかという疑問を持たれると思います。だから、そこがなかなか微妙に難しいところです。

誤解があるかもしれませんけれども、私は神という存在を人間が持ったということは、これは人間が極まったところから湧いてきた一つの人知の極致だと思います。実体として、そこにあるかどうか、でも、あると信じる。そして信じることができるというのは、人間のほかの動物にはない特質ですが、本当は神は罰を下すことがあるかもしれないし、すごい試練を下すこともあり得るけれども、限りなく神というものを思うことによって、自分の在り方を慎み謙虚になるというのは、人間の自分を知った謙虚ないいところだと思います。苦しいときの神頼みというのは、神様の概念のバーゲンセールになったら、そういう概念を持つことによって、自分の生き方を薄っぺらくしていくことになるわけです。キリストだって、最後に神よ見捨てたもうかと言ったわけですし、そういう自分のぎりぎりのところまで人知を尽くしてでも、自分が万能でないということをしっかり自覚するために、神という概念は、これは人間の頭の中で考えてつくり出したものではないかと……。それを持ったということは、人間の心の世界が非常に深く広く高くなったことで、すごいことだと思います。

それをうんと極め付きのときにそっとつぶやく。あるいはつぶやかないで、ちょっと頭の中で思い浮かべるくらいに上手に留めると、もう少しユニバーサルに受け入れられやすくなると思います。それをさっき言ったように、あまり魂とか連発する講演をすると、魂が非常に安直になってしまう。そのへんのところが、結局はこういうことを論じ、また実践の中で取り入れていく、私たちの自分の生きる姿勢と神というものの存在の必然性が非常にそうだなというふうになったり、いろいろ変わるのかなと思いました。そう考えると、稲田先生もこれから可塑性をもって、少し受け入れてくださるのでしょうか。

◆稲田――いえ、いえ。

◆佐藤――ユニバーサルにしていくというのはとても大事なことだと思っていて、そこでけっこう苦労しています。この間、論文を一本書いたのですが、最初書いて出したときに、何が行われているのか全然わからないのでだめだと返されて、書き直しをしました。事例部分はそのままですが、解釈とか、その事例の中でいったい何が起きているのかを誰にでもわかるように、少し客観化して書くというところですごく苦労して、ようやく二年くらいかかってもう一回送りました。まだなんだか魔法みたいだけど、まあいいか、という感じで通してもらいました。その何を自分がやって、セラピーを展開したのかということをユニバーサルにわかってもらう。だからいつも私が自分のことをわかってもらえないというところの乗り越えも一つあると思いますが、そこをやっていかなければいけないのが、私のこれからの人生かなと、今そんな感じがしました。

◆**村瀬**──稲田先生、この間、おっしゃっていたことを正直にことばにしてしまってよろしいでしょうか。お二人は臨床心理士会の会長と副会長でいろいろいつもお会いになったり、お話しになることがあるかと思いますが、よく由佳利さんはわかってもらえないと言うことがあると稲田先生がおっしゃっていたのです。でも、この関係は皆さん、おわかりだと思います。ところが、こうやって直に今日のような話は普段はしなかった。でもこのことを正直に考えると、今日のような話をやっぱりすることになる。しかも、それは壇に上がって、そこで本当に語ることが必要なことだと思ったと言われるのは、とても真摯で、正直なありのままのお気持ちですよね。用意してきたものを上手にトリミングを加えて、セットにして、話をするというのではない、そのことがすごく私は一つの大事なプロセスだと思いました。

あまり満足いかれなかったかなと懸念しますが、でもフロアの皆様は多くの場合のこういう会とは違うけれども、とても一生懸命聞いていらっしゃる、その手ごたえはお感じになりましたでしょう。今日、納得とか、まったく同じというのではなくても、こういうことについて、大事に考えている自分のこの世界をとにかく何か真摯に受け止めて、その人なりにどう収めようかという人に出会ったという自体までのところは、これまでのわかってもらえないとか、さっきの論文を投稿したときとは、かなり違うのではないかと思いますが、いかがでしょうか。

◆佐藤――わからない人もいるだろうけれども、申し訳ありません。まあ、いいやみたいな感じで話していたので。私が今日安心して話していたのは、村瀬嘉代子先生という方がいらっしゃって、私にとっての火鉢であって安心して話せたというところがありました。何か不安になりながらしゃべっていたわけではなく、話し終わって、しまったと思ったわけでもなく、これから稲田先生ともっとわかりあえる関係になるかなと思ったりしております。

◆村瀬――何が出るかと思って少々スリリングでしたが、そんな話とは思いませんでした。佐藤先生の今日のお話はなるほどと思う部分と、やっぱり私の世界と違うなというところと両方ありました。普段、いろいろな場面でお仕事を一緒にやらせていただいて、誤解を恐れずに言えば、基本的におっしゃっていることはすごくわかるのだけれども、伝わりにくいところ、そういった部分はなきにしもあらずという場合もときどきあったりするわけです。佐藤先生らしいご発表で、佐藤先生が、ああ、なるほどこういうふうに歩んでこられたのだということがよくわかった感じがしました。

私はすごく現実的で、もともと実験をやっていたので、確実な事実に対してこだわりがあります。でも、1か0かで割り切れるという世界でなくて、なにかよくわからないところ、うまくいかないところ、うまくいったけれどもよくわからないところがあって、そういった部分を、それを佐藤先生は、プロセスワークの中に何か鍵を見つけていった。そういうストーリーのように感じたのですが、いかがでしょうか。また違うのでしょうか。

◆佐藤――やっぱりそれを利用するという感じですかね。自分で行き詰ってできないときに、そちらからの英智を頼むみたいな感じでしょうか。本当に半年間、稲田先生にいろいろな相談をしてきて、稲田先生に相談をすると、もやもやとしたものがスパンと切れるのです。スパンと切って、上だけでバシッと何かおっしゃるのです。私が下のほうにモヤモヤとあるのだけれども、スパンとどこかに飛ぶのです。そうすると、私は安心する感じがあって、たぶん稲田先生のセラピーはそんな感じなのかなと思いますが、切ってしまって、無視されたとか、見捨てられたとか、どこかやられてしまったみたいな感じではなくて、わかりやすいところだけスパッと取って返してくれて、現実的にそこで対応してくれるので、逆に安心するみたいなところが私はあります。お互いのセラピースタイルの話をしても仕方がないですが、稲田先生のやり方はきっとそんな感じなのだろうなと、それはそれで仕事上、私もすごく支えられている感じがしております。

◆**村瀬**――会長と副会長のいいコラボレーションで、いろいろことがうまく発展されることを期待しお祈りするわけですが、たとえば被害者支援などというのは、ある意味で本当に主観的には善意で一生懸命相手のためにと思って、いろいろな人がかかわっている。でも、それは紙一重のところで、相手の本当に必要とするものとはなかなかマッチしないということが少なくない。それからやったことに対して、どういう意味と、それを第三者も含めてどう認められるかという、そういう気持ちが働かないと言ったらうそ、むしろそれが非常にたくさん働くので難しい領域ですが、とてもいい意味で行動的でいろいろ動かれる。

先ほど、神という表現を取られましたけれども、自分がするのではなくて、そこに何かが出てくる。答えや評価を別に思っていないと言われているのはすごく大事なところで、知らない人が外だけ見ると、佐藤先生のことは非常に意欲的で積極的だと、そこだけ考える人がたぶん多いと思います。けれども本当はそうではないところで、とてもバランスを取っていらっしゃるのだと思います。そういう意味でも、今日のお話で佐藤先生がどうして臨床のお仕事がうまくいくかというと、実は外見とかお話の表現だけだとなかなか伝わりにくいけれども、絶妙なバランスの上でことを運んでいらっしゃるということであって、そういうバランスはすごく大事だと思います。しかも、今日のようなお話は普段、そうされないわけですよね。

そのまま賛成とか反対とか、そんなマルバツではなくて、そういう考え方、広がり、一つには人知を超えたものに思いをいたして、謙虚になるということは矛盾しているようですが、極まったところで、思いもかけない力が湧いて展開が起きるということを、ことばを変えて話していただいたようにも思った次第ですが、いかがでしょうか。

ことばの表現は違いますが、非常に大事な、それこそ人を援助するというときに、人の痛みに思いをいたすことが大切で、こちらの自我肥大、そういうものは不要だということを、佐藤先生はお話しくださったというふうに、伺いました。何かご意見とかございましたら。どうぞ。

◆**飯田**――北翔大学の飯田です。私が佐藤先生はすごいなと思ったのは、困っている人のために、自分が治すのではなく、自分は何ができるのかとおっしゃっていることです。治してあげるとかではなくて、何か言い訳をするでもなくて、このことに対して自分が何ができるのかという、そこが私はとても大事なところだと思いました。私をはじめ、おそらく仕事として対人援助をされている方も、ボランティア等でこういう勉強をされている方もいると思いますが、そういう後輩たちに一言アドバイスをいただけたらと思いますが、いかがでしょうか。

◆佐藤――私も家庭生活総合カウンセリングセンターで一コマ持たせていただいていますが、すごく熱心ですよね。学生とは全然違います。息をするのを忘れていますよね。私が終わると、みんなフーッと息をして、けっこうハードな話をしていると思いますが、そのハードさがすごく伝わるのです。学生には全然伝わりません。そこの違いが何かというと、やはり人生経験といいますか、臨床心理を学んできたという人たちではないのだけれど、真剣に自分の人生に取り組んできて、人の話を聞くことに取り組もうとしてきていることだと思います。そういう方たちは、私が一生懸命真剣に話しているとき、ちゃんと真剣さを受け取ってくれるので、学生に講義しているより、実は私としてはずっとおもしろかったりします。

学生は、ただ単位を取りに来ているみたいな子もけっこう多くて、そうすると、こっちがこと言っているときに、全然手ごたえがないのです。講義がおもしろくないのは私のせいなので、学生が寝ていたら私の責任でもあるとは思っていますが。家庭生活総合カウンセリングセンターでボランティアに来ている方々のあの食いつきはすごいなと思います。とくに四十代くらいの女性というのはものすごくいろいろなものを、皆さん抱えていますよね。

私が開業していたころに、三十代、四十代の女性がけっこう多く来ていたのですが、自分の人生をもう一回見直すというところがあって、そこで何か起きたことと、自分の今までの人生の中でこれをどう考えたらいいかという課題を持ってくる方がいて、男性はそういうのを言いづらいのかあまり来ないのですが、そのくらいの年齢の女性はすごく深くて濃いといいますかね。ですから、私は今子どもたちの面接をお引き受けすると、お母さん面接がおもしろいですね。子どもの面接はもう学生のほうが得意なので、学生に渡しますが、お母さん面接をすると、そのお母さんの人生が聞ける。そのお母さんが子どもだったときの、お母さんとかおばあちゃんとかの人生からずっといろいろなものがあって、この子の問題が出てきているというのが聞ける。そこがすごく私としてはおもしろいです。

今一生懸命学んでいる人たちは、自分の人生のなかでどうしてこれがやりたいのかとか、自分らしいセラピーは何なのか、もちろんマニュアルがありますから、まずそこに沿ってやることは大事なのだけれども、そのほかで自分らしさを生かしていくこと。私がなぜユング心理学でありプロセスワークであったのかというのは、私がいちばん生かせるところだったから、それを選んでいきました。皆さんもこれからいろいろやっていって、何々流とか、何々派を選んでいく必要はないと思いますが、自分らしいセラピーというもので、自分らしい対人援助というのはどういうものなのかということと、自分自身のことを行き来しながらやっていくものかなと思っています。

◆村瀬――ありがとうございました。セラピーというのは、自分が相手にどう役立つだろうかと、あくまでも自分を捧げるということであって、私を際立たせるとか、私の方法をここで使ってみるということではないということを一貫して本当はおっしゃっていたと思います。人を助けるというのは、やっぱり相手にどれだけ侵襲性が少なく、いろいろな負担を軽くする、できれば相手が自分の力で気が付いたら治ったと思えるような立ち直り方をしていただくことだと思います。今日の佐藤先生のお話は一貫して、そこに力点があったと思います。

◆佐藤――ありがとうございます。しゃべりながら、そういう誤解を招きかねないしゃべりをしているなと思っていたので、言っていただいて助かりました。

◆村瀬――本当に今日は貴重なお話をありがとうございました。こういうかたちのお話はなかなか率直にしていただけることはまれですが、この席でそういうお話を伺って、うれしく存じます。それにしましても、たとえば、稲田先生はこういうことを納得なさいますか。

マリア・カラスという人は、非常にわがままで、人柄についてはいろいろ指摘もありましたけれども、不世出の天才ソプラノ歌手でした。彼女に匹敵する人はいないと言われた最盛期のときでも、舞台に出る前にそでで本当に震えるような顔で十字を切っていましたし、それから私は格闘技をときどき見るのですが、外国の人間とちょっと別の生物との中間のようなすごく猛々しい毛むくじゃらの人が、リングに上がる前に胸に十字を切っておられます。

長くイタリアに住んでいらした音楽家に聞きましたら、イタリアでは小学校の子どもでも、僕が一生懸命走って一等賞になるとか、私は今度ピアノを上手に弾きたいというふうに、「私は」とは言わないそうです。もしも神様がお望みなら、私の最善を尽くしますとか、神様がお望みなら一生懸命走ってみますと、子どもでも言うのだそうです。今日は佐藤先生が私ということを思っていないとおっしゃいました。何か非常に大事な原点を思い起こさせてくださって、しかも、今日そのお話では直接触れられませんでしたが、それを支えるうえでの常に新しい理論や技法を納得いくまで、次々場所を求めて、お若いときから、今の勉強をしていらっしゃる。それに支えられているということを目の当たりにさせていただきました。本当にありがとうございました。

あとがき

大正大学を定年退職したら（規定を随分超えていたのだが）、眼鏡などをかけ、一見まったく別人となって、首都圏を離れた施設でひっそりと数年間、ボランティアで施設職員の補助おばさん（正しくはお婆さん）をする予定で場所も考えていた（押しつけがましくないように、さりげなく状況を見たうえでのことであるが、決して贅沢ではない食材でちょっとした一品のおかずを作る、既製品の服に少し手を加えて、着る人にぴったりの一着に変える、こまめに要領よく掃除するなど、自分のすることをいろいろ思い描いていた……）。そして、それが体力的に無理になり、もし頭脳に活力が残っていたら、それまでは読めなかった専門領域外の書物など読む静かな生活に入ろうと考えていた……。

思いもかけず、北翔大学からのお誘いで毎月、北海道へ伺うことになった。ある深刻な事情で、大学の校名も変え、再生をはかろうとしているのだと……。お役に立つなどとはおこがましく自信もなかったが、地域でさまざまな職種の人々と協働的に仕事ができるような地味でも社会にとって有為な臨床家が育っていくこと、開かれた大学として地域のメンタルヘルス向上に寄与していきたい、という北翔大学の意図は、まさしく時代と社会の要請に添うもので賛意を覚えた。

これまで、事例検討会、テーマを設定しての連続公開フォーラム、シンポジウム、さまざまな臨床領域の研究の報告会、施設職員の方々の出席の便宜を考えた午前中開催の社会的養護児童の養育についての研究会など、毎月昼夜、さまざまな研修、研究会が継続して持たれてきた。若い人々に交じって、精神医学、臨床心理学、教育、福祉などさまざまな領域の一家を成した第一人者の方々が「この地では新しい試みだ、勉強になる（私や北翔大学の教職員へのお励ましであろうが……）」と参加費を払って、継続ご参加下さっていることは、有り難く身の引き締まる想いである。これらの会では異なる領域の専門家同士の間で、新たな知見を会得して学び合うほかに、顔の見える信頼できる連携やコラボレーションが促進される一助にもなっているようにも思われる。毎月、北海道で過ごす時間は格別に充実しており、有り難く思ってきた。

本書は平成二一年度に開かれた公開フォーラムをもとにして編まれた。専門領域は異なっても、対人援助職にとって、求められる要因には通底しているものがあること、一方、それぞれの領域での営みの特質を審らかにしようと意図したものであった。会場の聴衆の方々との間でも、なかなかに刺激的で豊かなやりとりが展開されたが、紙数の制限もあり、多くは割愛せざるを得なかったことをお詫びしたい。私は予てから、「精神文化は地方から」とひそかに考えてきた。

ささやかであっても、真摯な実践に裏打ちされた臨床の知と技がこのように読者に提供される機会を、この厳しい出版事情の下で作られ、かつ、丁寧に原稿を編集して下さった、金剛出版の立石正信社長にこころから御礼を申しあげたい。

読者の方々にとり、援助職に求められるものは何かを振り返ってお考え下さる契機となり、さらに臨床実践の質を高める創意工夫をされるうえで、少しでもお役にたてることを願っている。

二〇一一年　初夏

村瀬　嘉代子

佐藤 由佳利[さとう ゆかり]

上智大学大学院文学研究科教育学専攻博士前期課程博士課程修了。教育学修士。
北海道教育大学教育学部教育学研究科教授。

専攻 ── 臨床心理学，自然災害科学，被害者支援，プロセスワーク。
著書 ── 『学校臨床心理学・入門』（共編著，有斐閣），『不登校とその親へのカウンセリング』（共著，ぎょうせい），『新しい実践を創造する　学校カウンセリング入門』（共著，東洋館出版社），『深奥なる心理臨床のために　事例検討とスーパービジョン』（共著，遠見書房）。

村瀬 嘉代子[むらせ かよこ]

1959年　奈良女子大学文学部心理学科卒業。
1959－1965年　家庭裁判所調査官（補）。
1962－1963年　カリフォルニア大学大学院バークレイ校留学。
1965年　大正大学カウンセリング研究所講師，1984年より同助教授。
1987－2008年　同教授。
現在　北翔大学大学院教授。

著書 ──── 『新訂増補 子どもと大人の心の架け橋』『子どものこころに出会うとき』『子どもと家族への援助』『心理療法のかんどころ』『子どもと家族への統合的心理療法』『統合的心理療法の考え方』『心理臨床という営み』『心理療法と生活事象』『心理療法の基本』（共著）『心理療法とは何か』（共著）『すべてをこころの糧に』（共著）『電話相談の考え方とその実践』（共著）『詳解子どもと思春期の精神医学』（共著）金剛出版，『聴覚障害者の心理臨床』『聴覚障害者への統合的アプローチ』日本評論社，『柔らかなこころ，静かな思い』『小さな贈り物』創元社，『子どものこころと福祉』（監修）新曜社，他多数。

傳田 健三[でんだ けんぞう]

1957年　静岡県に生まれる。
1981年　北海道大学医学部卒業。
1998－1999年　ロンドン大学精神医学研究所，ベスレム王立病院（青年期病棟，摂食障害病棟）モーズレー病院に留学。
現在　北海道大学大学院保健科学研究院生活機能学分野教授。

著訳書 ──── 『小児のうつと不安 ── 診断と治療の最前線』『子どもの摂食障害 ── 拒食と過食の心理と治療』（新興医学出版社），『子どものうつに気づけない！　医者だから言えること，親にしかできないこと』（佼成出版社），『大人も知らない「プチうつ気分」とのつきあい方』『子どものうつ，心の叫び』（講談社），『子どもの遊びと心の治療』『子どものうつ病 ── 見逃されてきた重大な疾患』（金剛出版），『拒食症サバイバルガイド』（共訳，金剛出版）他。

[執筆者略歴（掲載順）]

風間 雅江［かざま まさえ］

北海道大学大学院文学研究科博士後期課程修了。博士（行動科学）。臨床心理士。言語聴覚士。北翔大学人間福祉学部福祉心理学科教授。

著書──『日本と中国の大学生の精神的健康』（共著，川島書店），『Studies in Language Sciences(2)』（分担執筆，くろしお出版）他。

田中 康雄［たなか やすお］

獨協医科大学医学部卒業。北海道立緑ヶ丘病院医長，国立精神・神経センター精神保健研究所児童・思春期精神保健部児童期精神保健研究室長を経て，現在，北海道大学大学院教育学研究院附属子ども発達臨床研究センター教授。北海道大学日本発達障害ネットワーク会長。

著書──『軽度発達障害』『つなげよう──発達障害のある子どもたちとともに私たちができること』（金剛出版），『支援から共生への道』（慶應義塾大学出版会），『軽度発達障害のある子のライフサイクルに合わせた理解と対応』（学研）他多数。

平野 直己［ひらの なおき］

東京都立大学人文科学研究科心理学専攻博士課程単位取得退学。
北海道教育大学教育学部札幌校准教授。

著書──『学校臨床のヒント』（共著，金剛出版），『学校臨床心理学入門』（共著，有斐閣），『朝倉心理学講座1　心理学方法論』（共著，朝倉書店），『地域実践心理学：実践編』（共著，ナカニシヤ出版）他。

村田 昌俊［むらた まさとし］

北海道教育大学大学院教育学研究科学校臨床心理学専攻修了。
日本発達障害ネットワーク北海道副代表，上川町立上川中学校教頭。
北海道高機能広汎性発達障害児者親の会会長，北海道自閉症協会副会長。

著書──『共生社会の実現　北海道の特別支援教育から』（共著，北海道通信社），増補版『発達障害のための支援制度ガイドブック』（共著，JDD net）。

三瓶 徹［さんぺい とおる］

東北福祉大学社会福祉学部産業福祉学科卒業。介護福祉士，社会福祉士，介護支援専門員。北海道社会福祉審議会委員，北広島市介護サービス連絡協議会会長，北海道老人福祉施設協議会会長，北海道高齢者虐待防止推進委員会委員，北海道社会福祉協議会評議員，日本認知症ケア学会評議員，社会福祉法人北海長正会北広島市リハビリセンター特養部四恩園。

著書──『処遇管理情報システムの導入と展開』（月間福祉）全社協，『サービス管理支援システムへの取り組みと展望』（日総研），日本デイケア学会編集『高齢者デイサービス・デイケアQ＆A』（中央法規出版，分担執筆），『現場で使える・スタッフ指導に役立つ倫理綱領』（日総研）

対人援助者《たいじんえんじょしゃ》の条件《じょうけん》

クライアントを支えていくということ

二〇一一年九月二〇日　印刷
二〇一一年九月三〇日　発行

編　者　村瀬　嘉代子
　　　　傳田　健三

発行者　立石　正信

印刷　三協美術印刷／製本　誠製本
装丁　臼井新太郎／装画　佐藤昌美

発行所　株式会社　金剛出版
〒112-0005
東京都文京区水道一-五-一六
電話　〇三-三八一五-六六六一
振替　00120-6-34848

ISBN978-4-7724-1211-7　C3011
Printed in Japan©2011

心理療法と生活事象

クライエントを支えるということ

村瀬嘉代子著　A5判　220頁　定価3,360円

著者は,「クライエントを支える」という営みの広がりと基盤は,知識・技能のみならず,治療者の人間性が問われ,何気ない日常生活の中のやりとりにこそ,心理療法の骨子,本当の心のケアがあると説く。さらに,病を抱えて生きるクライエントの『生活』のあり方を時間軸と空間軸の中で捉え,障害とともに生きて行かざるを得ない場合でも生活の質を向上するための援助の必要性を指摘する。クライエントのためにという視点を優先し,百花繚乱の心理療法において屹立する,著者の統合的アプローチへ到る思索と実践の軌跡。

心理臨床という営み

生きるということと病むということ

村瀬嘉代子,他著／滝川一廣,青木省三編

A5判　280頁　定価3,780円

本書は,語る者によって実に多彩な姿を現す,村瀬嘉代子という臨床家を読み解くための,また,村瀬流儀の心理臨床の在り方を多方面から浮き彫りにしようと試みたものである。

援助者としての基本的態度,理論や技法の適切な用い方,真に必要とされる臨床の智恵とは,クライエントの声なき声に応える心理臨床の営みとは——あらゆる心の臨床課題にこたえる珠玉の論考とゆかりの臨床家たちによる挿話によって綴る,村瀬嘉代子ワールド。

統合的心理療法の考え方

心理療法の基礎となるもの

村瀬嘉代子著　A5判　226頁　定価3,360円

本書を通じて表現されるのは,著者が長年実践してきた「統合的心理療法」の特質と基本的考え方である。クライエントのためのより効果的な心理療法,技法を支えるプロとしてのセラピストの姿勢,心理臨床一般に通じる普遍的原則等,日常臨床での知見をわかりやすく説き,また,臨床実践の積み重ねにより帰納的に構築された著者自身の臨床研究の流れを俯瞰し,総括する内容となっている。

すべての心の専門家に贈る著者最新の臨床論文集。

価格は消費税込み（5%）です

新訂増補 子どもと大人の心の架け橋

心理療法の原則と過程

村瀬嘉代子著　四六判　300頁　定価2,940円

子どもの心理的援助を構造的に理論から実践まで論じた重要論文「子どもの精神療法における治療的な展開」を含む，著者の臨床の原点ともいうべき著作であり，ごく初歩的な面接の基本が平易に書かれているように見える。しかし，実践を積んだ臨床家であるならば，ここに書かれている基本の「徹底」こそが，あらゆる臨床課題の最大の骨子であることに気づくだろう。

今回改訂にあたって，大正大学における「最終講義」を新たに収録した。村瀬嘉代子の臨床の真髄がここにある。

統合的心理援助への道

真の統合のための六つの対話

村瀬嘉代子編著　四六判　232頁　定価2,520円

さまざまな人々に出会う過程で，個別に即して，理論や技法をどう適用するか。援助する「人」がもつ望ましい要因とは？　自らの臨床家としての歩み，印象的なクライエントとのやりとり，臨床心理学と精神医学・科学との関わり，21世紀の心理臨床家に求められることなど，統合的心理援助への指針を導き出す，村瀬嘉代子と田中康雄，村山正治，中井久夫，滝川一廣，青木省三，新保幸洋の各氏による対談集。

心理療法の基本

日常臨床のための提言

村瀬嘉代子，青木省三著　四六判　220頁　定価2,520円

本書は，文字通りクライエント一人一人に真摯に相対してきた二人の臨床家による，全4回10時間にも及ぶ対論の成果を凝縮したものである。心理療法において普遍的なもの，基本になることとは何なのか，クライエントから真に信頼を寄せるに足る人と認められる治療者とは，クライエントに対する個別的にして多面的なアプローチとは，など心理療法の特質を考えるためのさまざまな論点が平明な言葉によって展開されていく。

心理臨床に携わる人々すべてのために，日常臨床において土台となる常識を説いた画期的な臨床指導書である。

価格は消費税込み（5%）です

電話相談の考え方とその実践

村瀬嘉代子，津川律子編

A5判　188頁　定価2,940円

電話相談は，虚空に消えてゆきそうな声だけを頼りにしたもっとも繊細な心理的援助場面であり，傾聴やアセスメントといった総合的臨床能力が問われる場でもある。社会にとって電話相談がますます重要な資源の一つになっている今，聞き手（援助者側）は何をすべきなのだろうか。本書は，村瀬嘉代子，津川律子を中心に，「いのちの電話」や被害者・被災者支援，産業臨床，子育て支援など電話相談の世界で実践を重ねている筆者らによって著された，実際的で具体的なリーディング・テキストである。

子どものうつ病

見逃されてきた重大な疾患

傳田健三著

A5判　272頁　定価3,780円

本書は，子どものうつ病を包括的に捉えて，成因・病態，症状，分類・類型，経過・予後などについての最新知見を簡潔に述べたうえで，有効な薬物療法・精神療法，家族へのアプローチ，自殺の予防といった治療の実際を豊富な症例を挙げ具体的に詳述したものである。さらに現代社会の子どもへの影響や，“うつ”状態が子どもにとって何を意味するかまでにも言及している。「子どものうつ病」を正しく診断し，治療するために必要な事柄をすべてもり込んだ実用書である。

子どもと家族への統合的心理療法

村瀬嘉代子著

A5判　250頁　定価3,675円

本書には全編にわたって，心理療法の効用と限界，学派を超えた普遍性，心理臨床に携わる重さと責任，柔軟な技法の使用，治療者としての資質向上のための着眼点等，日常臨床に応用可能な具体的な知見が平易な文章で述べられている。

冒頭に著者が考える「統合的心理療法」の説明とそれが生まれる経過についての書き下ろし論文が収められ，本書全体及び著者のこれまでの著作を総括する内容ともなっている。

価格は消費税込み（5%）です